Señor,

Quiero Sentirme Restaurada

Stormie Omartian

BETANIA

Betania es un sello de Editorial Caribe, Inc.

© 2002 Editorial Caribe, Inc.
Una división de Thomas Nelson, Inc.
Nashville, TN-Miami, FL, EE.UU.
www.caribebetania.com

Título en inglés: *Lord, I Want to Be Whole*
© 2000 por Stormie Omartian
Publicado por Thomas Nelson, Inc.

A menos que se señale lo contrario, todas las citas bíblicas
son tomadas de la Versión Reina-Valera 1960
© 1960 Sociedades Bíblicas Unidas en América Latina.
Usadas con permiso.

Traductor: Ricardo Acosta

ISBN: 0-88113-709-X

Para quienes sufren cualquier dolor emocional o la frustración que nace de la falta de realización.

~~~

Que a través de este libro Dios consuele tu corazón,
te renueve la esperanza,
te haga crecer hasta alcanzar todo lo que puedes ser
y te ayude a encontrar la realización y la restauración total.

CONTENIDO

A mi esposo, Michael, por su
fidelidad para con Dios y conmigo.

A mis hijos, Christopher y John David,
y mi hija Amanda, por brindarme alegría.

Al pastor Jack Hayford, por enseñarme de manera
tan poderosa la Palabra de Dios que esta
ha cambiado mi vida para siempre.

A mi extraordinaria editora, Jane Thoma,
por ser tan brillante y mostrarme tanto cariño.

A mi tía Jean Davis, por una vida
de comprensión y estímulo.

A mis compañeras de oración, Susan Martínez,
Ron Thompson y Katie Stewart, por todo su amor y apoyo.

Pasos Para la Salud Emocional

«No vales nada y nunca llegarás a ser alguien», me decía mi madre mientras me metía a empujones dentro del pequeño clóset que había debajo de las escaleras y salía dando un portazo. «¡Y te quedas ahí hasta que pueda tolerar mirarte otra vez la cara!» El sonido de sus pasos se desvanecía a medida que recorría el pequeño pasillo que la llevaba de vuelta a la cocina.

Yo no estaba realmente segura de qué había hecho para justificar que mamá me encerrara otra vez en el clóset, pero imaginaba que debía ser muy malo. Sabía que *yo* debía ser mala y pensaba que seguramente eran ciertas todas las cosas negativas que siempre me decía. Después de todo, era mi madre.

El clóset era una pequeña bodega rectangular debajo de las escaleras donde se ponía la ropa sucia en una canasta de mimbre. Me sentaba encima del montón de ropa y levantaba los pies para evitar la posibilidad de que me tocaran los ratones que con regularidad atravesaban velozmente el piso. Me sentía sola, rechazada y dolorosamente asustada mientras esperaba en ese hueco oscuro lo que parecía ser el interminable lapso de tiempo que le tomaba a mamá recordar que yo estaba allí, o que mi padre regresara, momento en que sin duda me dejaría salir. Uno u otro caso significaría mi liberación del clóset y de las devastadoras sensaciones de estar enterrada viva y de que se hubieran olvidado de mí.

Como probablemente puedes pensar solo por este incidente, fui criada por una madre mentalmente enferma, y, entre otras atrocidades, pasé gran parte de mi infancia encerrada en un clóset. Aunque

1

ciertas personas estaban conscientes de la extraña conducta que ella mostraba de vez en cuando, su enfermedad mental no se definió claramente hasta el fin de mi adolescencia. Durante todos mis años de crianza, el comportamiento sumamente irregular de mi madre me produjo sentimientos de inutilidad, desesperanza, impotencia y profundo dolor emocional. Fue tan dramático, que para cuando me convertí en una joven mujer aun estaba encerrada en un clóset, ya que los límites eran más emocionales que físicos. Me encontraba cercada por un dolor profundo que siempre presente en mi alma y que se expresaba por medio de acciones autodestructivas y de un miedo paralizador que controlaba mi respiración.

Me involucré en todo lo que, según yo, me ayudaría a liberarme de todo eso: religiones orientales, prácticas ocultistas, sicoterapia, relaciones enfermizas y un corto e infortunado matrimonio. Mi depresión se profundizaba cada vez más cuando se hacía obvio que nada de eso lograba suplir mis apremiantes necesidades. Con una peligrosísima frecuencia me volvía al alcohol y las drogas, con la esperanza de superar instantáneamente esta crónica tortura emocional. Después de todo estaba decidida a encontrar un escape al dolor que me atormentaba. A veces casi lo logré. A mis veintiocho años la única solución que vislumbraba era el suicidio.

En mi autobiografía *Stormie* revelé los detalles de esta vida deshecha y del viaje a la restauración emocional. Después de escribir ese libro recibí un aluvión de cartas de personas que me hablaban de sus similares circunstancias emocionalmente traumáticas.

Muchas mujeres manifestaban: «Mi único deseo es sentirme totalmente restaurada. Me has mostrado por primera vez que es posible ser libre del dolor emocional. Sin embargo, aunque ahora sé que hay esperanza para mi vida, ¿qué pasos puedo dar para experimentar la misma sanidad que encontraste?» Me hicieron esta pregunta una y otra vez, e intenté responder a cada persona lo mejor que pude. Pero no había suficiente tiempo ni espacio en una carta para enfrentar adecuadamente las preguntas. Las llamadas telefónicas y el contacto personal también me consumían mucho tiempo. Sabía que necesitaba reunir en un libro toda la información que tenía al respecto, para que así muchos pudieran leerlo y referirse a él cuando lo desearan. Ese es este libro.

¿Qué es salud emocional?

Mucha gente examina con resignación su estado emocional: «Sencillamente soy así», o «supongo que tendré que vivir con esto pues no se pondrá mejor». Otras personas creen que aunque podría haber un modo de hacer cambios esenciales, tendrían que ser muy espirituales o suficientemente ricas para darse el lujo de conseguir la mejor ayuda profesional. Una muchacha me dijo: «La salud emocional es un ideal remoto que muchas personas anhelan pero que muy pocas logran».

Mi definición de salud emocional es tener completa paz sobre quién eres, qué haces y a dónde vas, tanto individualmente como con las personas que te rodean. En otras palabras, es sentirse totalmente en paz con el pasado, presente y futuro de tu vida. Es saber que estás alineada con el propósito definitivo de Dios para ti y sentirte realizada con eso. Cuando tienes esa clase de paz y ya no vives en agonía emocional, entonces eres una triunfadora.

Al contrario de lo que muchos creen, la salud emocional es sencillamente tan real y disponible como la salud física. Si no alimentas tu cuerpo con la comida adecuada, te enfermarás y morirás. Así mismo debes alimentar y cuidar adecuadamente de tu vida espiritual, emocional y mental, o esa parte de ti se enfermará y morirá lentamente.

El ejercicio adecuado para la mente y las emociones es tan beneficioso como el ejercicio físico, pero la mayoría de personas no tienden a pensar de esa manera.

En mi primer libro, *Greater Health God's Way* [Mejor salud a la manera de Dios], escribí lo que aprendí sobre el cuidado adecuado del cuerpo físico. No soy nutricionista, médico, terapeuta física ni experta en salud. Simplemente soy alguien que estuvo muy enferma, débil y abatida en sus primeros veintiocho años de vida, y que descubrió una manera de vivir que funcionó. En ese libro hablé de siete pasos para la salud y di instrucciones a los lectores de dar un paso a la vez en cada una de las siete áreas, recordándoles que «todo lo que haces, cuenta. Contará para vida o contará para muerte». Descubrí que lo mismo se aplica a la salud emocional. Así como tengo un plan de salud física, también tengo uno de salud emocional. No soy siquiatra, sicóloga, consejera profesional ni pastora. Solo soy una persona que vivía a diario con depresión, miedo, pensamientos de suicidio, desesperanza e intenso dolor emocional. Ya no vivo con nada de eso. Este libro sugiere siete pasos para la salud emocional.

Siete pasos para la salud emocional

Tu mente y tus emociones, así como tu cuerpo físico, necesitan liberarse del estrés, alimentarse adecuadamente, ejercitarse, asearse, nutrirse, reentrenarse, exponerse a la luz y a la frescura, y descansar. He aquí siete pasos que te ayudarán a hacerlo:

Paso uno: Libérate del pasado

Confiésale a Dios las veces que has fallado y libérate de las veces que otros te han fallado moviéndote en un perdón total,

Paso dos: Vive en obediencia

Comprende que los mandamientos de Dios son para tu bien e intenta hacer tu mejor esfuerzo para vivir como Él quiere, sabiendo que cada paso de obediencia te acerca más a una restauración total.

Paso tres: Encuentra liberación

Reconoce quién es tu enemigo y apártate de todo lo que te separa de Dios o de lo que no te deja llegar a ser todo lo que Él quiere que seas.

Paso cuatro: Busca restauración total

No aceptes menos de lo que Dios tiene para ti, y recuerda que alcanzar la restauración es un proceso continuo.

Paso cinco: Recibe los dones de Dios

Reconoce los dones que Dios te ha dado y da los pasos necesarios para recibirlos.

Paso seis: Rechaza los escollos

Evita o libérate de las trampas y engaños negativos que te roban la vida.

Paso siete: Mantente firme

Confía en que mientras permanezcas con Dios y no desistas, ganas.

Estos siete pasos son en realidad leyes naturales que funcionan para nuestro beneficio cuando vivimos en armonía con ellas. Vivir de manera correcta genera vida, sin importar quiénes seamos ni cuáles sean nuestras circunstancias. De igual modo, hacer lo incorrecto lleva a la muerte.

Estos siete pasos no se aprenden en una semana; son un estilo de vida. Comprenderlos con tu mente influirá en el estado de tu corazón, lo que afectará tus emociones y finalmente toda tu vida. Quiero que sepas que no dominé estos pasos de la noche a la mañana... y tú tampoco lo harás. Es más, aun trabajo en ellos del mismo modo en que me preocupo por la salud física. Sin embargo, he probado este plan una y otra vez en los últimos treinta años, y los he visto trabajar con éxito en mi vida y en las vidas de muchas otras personas. El plan será tan confiable y consecuente como lo seas tú en seguirlo. Caminaré contigo a través de los siete pasos como lo hice en mi viaje hacia la salud física. Juntas daremos un paso a la vez.

Qué debes esperar

En los capítulos siguientes encontrarás tres clases de información. Una es *conocida* y parece obvia, pero no te dejes engañar por eso. A menudo se pasa por alto lo conocido y obvio, exactamente por esa razón. Te podrías sentir tentada a decir: «Ya sé que se supone que debo perdonar». Sin embargo, la pregunta es: ¿Eres cuidadosa y persistente en hacerlo? ¿Estás consciente de que a veces el perdón es un *proceso*? ¿Sabías que no puedes sentir completa restauración emocional mientras haya falta de perdón en *alguna* área de tu vida?

La segunda clase de información es *desconocida*. Nunca antes la oíste. O si la escuchaste, no comprendiste su significado para tu vida, o no captaste que fuera un requisito para tu restauración emocional. ¿Entiendes que haces más difícil tu sanidad emocional si tienes en tu casa artículos que posean nexos mentales o emocionales negativos? Cartas de un antiguo amor, por ejemplo, pueden perpetuar sutilmente sensaciones de fracaso, tristeza, dolor o depresión.

Podría ser que tal información esté interrumpiendo la paz y la plenitud que deseas.

La tercera clase de información es *incómoda*. Es la que no quieres oír. Quizás reacciones a ella diciendo: «No quiero saber nada de esto porque no quiero hacerlo». ¿Recuerdas cuán difícil fue aprender que no podías comerte todas las golosinas y helados que querías, y qué precio pagaste cuando los consumiste a pesar de todo? Créeme, comprendo cuán duro es oír ciertas cosas y cuán difícil parece ser lograrlas. Sin embargo, no te sería de mucha ayuda si no te impartiera *toda* la verdad. Si omito algunas partes, tendrías un plan incompleto para tu restauración emocional y vivirías frustrada tratando de encontrar la parte perdida. Por tanto seré tan franca como pueda y depende de ti aceptar o no la información. *Recuerda: eres tú quien elige. Dios hace que su obra ocurra en ti cuando le permites la entrada.*

Lleva tiempo poner en práctica estos pasos y hacer de ellos un estilo de vida. Cuánto tiempo te lleve depende de cuán comprometida estés en hacer lo necesario para ver que suceda. También depende de cuán profundo sea tu daño emocional. El grado de sufrimiento con que vivimos hoy día está determinado por el grado de dolor que tuvimos en nuestro pasado y cuán temprano en la vida ocurrió. Mientras más temprano haya sucedido, es más fundamental y más difícil de corregir. No obstante, no se te puso en este planeta simplemente para existir o sobrevivir. Estás aquí para tener una vida de propósito y significado. No importa cuánto te haya sucedido, cuán joven eras cuando te ocurrió, o qué edad tengas ahora, aun puedes ser restaurada. No te conformes con menos.

También está disponible para ti la sanidad y restauración que encontré. *Puedes* ser una persona restaurada aunque tu dolor venga de cicatrices tan lejanas como el maltrato en la tierna infancia o del inoportuno rompimiento de una querida relación durante esta semana.

No tienes que vivir en temor; no tienes que estar deprimida; no tienes que sentirte inepta, tonta, sin talento o rechazada. No tienes que soportar el sufrimiento emocional crónico. Es posible liberarte de todo eso.

Pero una vez que *te sanes*, no te dejes engañar pensando que nunca más tendrás un problema. Esto sencillamente no es así. Los problemas son parte de la vida en este mundo. Tienen la capacidad de asolarte, o los puedes encarar de frente y hacer que obren a tu favor y no en tu contra. De ahí que, incluso después de verte libre de emociones perjudiciales, aun debas seguir un programa de mantenimiento.

Mi viaje desde el quebranto hasta la restauración no ocurrió de la noche a la mañana. Es más, me llevó catorce años llegar a estar libre del dolor y ser capaz de ayudar a otras mujeres con los mismos problemas. Creo que habría sucedido más rápido si hubiera descubierto mucho antes lo que se supone que debía estar haciendo. Espero que este libro acelere el proceso en ti.

A lo largo de nuestro viaje juntas te sugeriré oraciones que me ayudaron en mi proceso de sanidad. También incluiré versículos bíblicos en las páginas tituladas «Lo que la Biblia dice acerca de...» Tales versículos me ofrecieron esperanza y ánimo. La oración y la Biblia han sido claves importantes para mi sanidad.

A medida que entres en los siete pasos para la sanidad emocional no esperes dominar un paso para pasar al siguiente. Más bien comienza a dar uno a la vez en cada una de las siete áreas. Al hacerlo así verás que, aunque hay posibilidades de hacer que ocurran las cosas y hay pasos que dar, no eres la encargada de hacer que todo suceda.

Recuerda además que la restauración emocional completa es un proceso que involucra cambiar hábitos de pensamiento, sentimientos o acciones. Los siete pasos no son una solución rápida sino un modo de transformar permanentemente tu ser interior; y eso toma tiempo.

Lo que la Biblia dice acerca de la salud emocional

Del hombre son las disposiciones del corazón.
Proverbios 16.1

Yo haré venir sanidad para ti, y sanaré tus heridas,
dice Jehová.
Jeremías 30.17

Estoy debilitado y molido en gran manera; gimo a
causa de la conmoción de mi corazón.
Salmos 38.8

Jehová [...] confortará mi alma.
Salmos 23.3

1

Paso uno: Libérate Del Pasado

Quiero hacer una cita con el médico —le dije por teléfono a la meticulosa asistente. Ese fue mi primer intento de buscar ayuda profesional desde que abandoné la universidad unos años atrás.

—¿Cuál es la naturaleza del problema? —preguntó con total naturalidad.

—Bueno, preferiría hablar con el médico —dije dócilmente, sin saber cómo expresar con palabras las complejidades de mi situación.

—Yo veo de antemano todos los casos antes que el doctor los analice —contestó lacónicamente—. No puedo darle una cita a menos que sepa la naturaleza de su problema.

—Entiendo. Está bien. Bueno... fui criada por una madre que me maltrataba. El odio que me expresaba hizo que me deprimiera muchísimo, que fuera incapaz de desempeñar bien mis funciones y...

—Nuestra política es no aceptar historias de maltrato infantil —interrumpió con su voz profesional—. Creemos que todo está en la mente del niño y nuestro trabajo es ayudar a ajustar su pensamiento a la verdad.

Me quedé atónita y sin habla, como si me hubieran abofeteado. Después de haberme armado finalmente del valor suficiente para llamar a este sicólogo altamente recomendado, me acababan de decir que todo lo que me había sucedido estaba solo en mi cerebro.

—¿Está usted diciendo que imaginé todo esto? —manifesté con mucho cuidado para no revelar mi ira interior.

—Digamos simplemente que usted *creyó* haber sido maltratada. Podemos ayudarle a aclarar su manera de pensar.

—Ah, ya veo. Gracias. Eso es todo lo que necesito saber —dije, y colgué antes de que ella tuviera la oportunidad de decir algo más.

Deshecha, me senté por unos instantes y luego sentí la muy conocida opresión en mi garganta. Siempre había tenido miedo de morir si me descontrolaba y gritaba lo más profundo de mis sentimientos. Por lo tanto, contuve todo en mi garganta.

Caí en mi cama y me retorcí de dolor. Me hubiera gustado nunca haber oído de ese médico. Varias amigas me lo habían recomendado después de haber hecho leves referencias a la relación con mi madre. Aunque había salido de casa años atrás y había viajado por todo el mundo, no lograba alejarme lo suficiente de ella para eliminar su influencia en mi vida. Parecía como si el pasado me fuera a seguir siempre, a menos que descubriera algún modo de desconectarme de él.

Ahora me sentía aun más impotente. No tenía adónde ir. Erróneamente creí que esta era la política de todos los consejeros, así que resolví nunca más volver a buscar consejería. Ya antes había visto muchos siquiatras y sicólogos, pero no les había hablado del comportamiento abusivo de mi madre. Era humillante hablar de esto y me asustaba que pudieran pensar que *yo* era la loca. Llegué a pensar que el suicidio era mi única opción.

Fue en ese momento que una amiga me llevó a una reunión con su pastor, Jack Hayford, de La Iglesia en el Camino. Él me habló de la plena restauración y la paz que podría encontrar al recibir a Jesús en mi vida. Yo quería eso más que cualquier cosa, por lo tanto lo recibí como mi Salvador. No sabía si iba a funcionar pero estaba dispuesta a intentar lo que fuera. Además, recibir a Jesús era lo único que no había intentado hasta la fecha. Había buscado consuelo en el ocultismo, las drogas, el alcohol, las religiones orientales y en relaciones indebidas. Todo eso me daba alivio temporal pero finalmente la situación empeoraba. Esto «de Jesús» parecía una posibilidad a largo plazo, pero con el suicidio como la única alternativa que podía visualizar, no tenía nada que perder. Y si el pastor Jack tenía razón, tenía todo que ganar. Me asombró mucho que después de recibir a Jesús en la oficina del pastor Jack sintiera esperanza por primera vez, hasta donde podía recordar. Esto resultó ser el punto de partida de mi sanidad. Empecé a asistir a la iglesia, a leer la Biblia y a orar todos los días. Comencé a ver luz al final del tenebroso túnel de mi vida. Incluso, detrás de mí en la iglesia una mañana de domingo se sentó el hombre con quien finalmente me casaría.

Después que Michael y yo nos casamos y me sentí lo suficientemente segura para hablarle de mi infancia, él insistió en que viera una consejera de La Iglesia en el Camino. Me aseguró que podía confiar en ella. Ya había visto allí a otros consejeros para mi inagotable depresión, y aunque no llegaron a la raíz de mi problema, cada uno fue decisivo en comenzar a romper el muro y a abrirme a la gran liberación que experimentaría con esta nueva consejera. Mary Anne se convertiría en el instrumento de Dios para liberarme de mi pasado.

La base de la confesión

—Tengo frecuentemente estas depresiones, son como desvanecimientos emocionales que duran hasta dos semanas —le dije a Mary Anne en mi primera cita. Su hermoso y compasivo rostro me invitaba a confiar por completo.

—Difícilmente puedo desempeñar mis funciones y a menudo mis pensamientos van al suicidio como la única salida. Ni siquiera puedo levantarme de la cama, a no ser para las necesidades básicas de la vida. ¿Qué me está pasando? Tengo al Señor, un buen esposo, un hogar y por primera vez en mi vida no tengo preocupaciones económicas. Leo la Palabra de Dios y oro. ¿Por qué todavía me está pasando esto?

—Stormie, háblame de tu infancia —replicó ella suavemente—. ¿Cómo fue?

Como me sentía segura con Mary Anne, le conté más de mi pasado de lo que antes le había revelado a cualquier otra persona. Ella escuchó por casi una hora, hablando solo para hacer una o dos preguntas. Cuando terminé, dijo muy directamente:

—Tienes una atadura, Stormie, y necesitas liberación.

¿Que tengo qué? ¿Que necesito qué?, pensé.

Mary Anne debió haber leído mi expresión pues añadió rápidamente:

—No tienes porqué asustarte. Una atadura es la opresión que nos llega cuando no vivimos como se supone que debemos hacerlo. La liberación rompe esa opresión.

Entonces me dio estas instrucciones:

—Quiero que vayas a tu casa y escribas todo pecado que Dios te haga recordar. Pídele que te ayude a recordar todo incidente y di mientras lo escribes: «Dios, confieso esto ante ti y te pido perdón».

—Pensé que todos mis pecados fueron perdonados cuando recibí a Jesús —dije cortésmente, sin querer parecer que no quería cooperar.

—Eso es correcto, fuiste perdonada. Pero con frecuencia vivimos justo en el medio de asuntos de los que Dios nos ha liberado. La muerte de Jesús en la cruz significa que Él se llevó todo lo que nos correspondía, que es la muerte; y a cambio nos dio todo lo que le correspondía a Él, que es la vida eterna. Recibir a Jesús significa ser liberados del control de la muerte. Sin embargo, la atadura que acompaña a cada pecado debe tener un punto de ruptura por medio de la confesión. Cualquier cosa que confieses ante Dios te liberará de la atadura que la acompaña. De modo que anda a casa, confiesa todo, y luego regresa en una semana y oraremos por todo eso.

Qué bien me debió haber evaluado, pensé cuando salí de su oficina reflexionando en todo lo que me dijo que hiciera. *¡Ella sabe que me tomará una semana escribir todos mis pecados en un papel!* Mary Anne me aseguró que el papel no se utilizaría en mi contra en una cita posterior, por lo que estuve de acuerdo.

Había recibido suficientes buenas enseñanzas en La Iglesia en el Camino para saber que la palabra *pecado* es un antiguo término de tiro con arco, que significa «errar el blanco». Pecar es cualquier cosa cuyo centro es la muerte. Por tanto el pecado en nuestras vidas no solo significa robar una licorería, asesinar a alguien o jugar cartas el domingo. Es mucho más que eso. Es más, pecado es cualquier cosa que esté fuera del centro de la buena y perfecta voluntad de Dios para nuestras vidas. ¡Eso incluye mucho territorio!

—También quiero que ayunes por tres días antes de que regreses —continuó Mary Anne.

¿Quiere que ayune?, exclamé para mis adentros. Había oído al pastor Jack hablar del ayuno y toda la iglesia ayunaba los miércoles, pero yo no estaba lista para eso. Además, me aterraba tener hambre porque cuando era niña me fui muchas veces a dormir sin haber comido.

—Stormie, existe cierta clase de libertad que no ocurre sin ayuno y oración —explicó Mary Anne—. Este es un acto de negarte a ti misma y colocar a Dios en el centro de tu vida, quien rompe cualquier asidero que tenga Satanás en ti y destruye la esclavitud que resulta del pecado.

Necesito eso, pensé. *Tal vez no resulte a menos que ayune, así que lo haré*. Estuve de acuerdo y me fui a casa.

En esos días de profunda depresión era tanta mi falta de energía que debí tomar una siesta antes de comenzar siquiera a pensar en algo tan mentalmente agotador como hacer una lista de mis fallas y pecados. Sin embargo, una vez que desperté de mi siesta me acordé rápidamente de una cantidad considerable de fallas obvias, incluso antes de llegar a pedirle al Señor que me mostrara algunos pecados *ocultos*.

Justo cuando pensaba que ya no había nada más que confesar, leí en la Biblia: «Si decimos que no tenemos pecado, nos engañamos a nosotros mismos, y la verdad no está en nosotros. Si confesamos nuestros pecados, Él es fiel y justo para perdonar nuestros pecados, y limpiarnos de toda maldad» (1 Juan 1.8-9). A pesar de ya haber confesado bastante, sabía que me estaba engañando al pensar que no había más. De hecho, Dios debe haber sabido que posiblemente no podía hacerlo todo en una semana, de modo que la mañana en que se suponía que iba a volver a la oficina de Mary Anne, ella llamó a decir que estaba enferma y me pidió que cambiáramos la cita para la semana siguiente.

Esto me desilusionó muchísimo, especialmente porque había ayunado por tres días y además porque mi depresión se había vuelto insoportable. Pero como no había otro remedio, continué mi lista y mi confesión. ¡La pila de papeles crecía a medida que mi mente se inundaba con hechos en los que no había pensado en muchos años!

Pronto comprendí que el pecado sin confesar es como acarrear pesadas bolsas de basura. Mientras más pesadas sean, más nos debilitamos... hasta que todo el peso nos paraliza. Iba a conocer el sentido cabal de esa verdad al regresar a la oficina de consejería.

—¿Tienes tu lista? —preguntó Mary Anne mientras sonreía y me tendía la mano.

—Sí —repliqué avergonzada.

Le mostré a Mary Anne mi montón de papeles, preocupada por la posibilidad de que leyera todo el contenido de la horrible verdad.

—Muy bien —dijo ella y mandó a llamar a otra consejera a la oficina.

Inmediatamente imaginé que estaba pidiendo refuerzos por si se agotaba durante las horas que tardaría en orar por todo. Para mi sorpresa y alivio, ella y la otra consejera sencillamente pusieron una mano en mí y la otra en los papeles. No mostraron el más leve interés en leerlos.

—¿Confesaste todo pecado que llegó a tu mente? —preguntó Mary Anne.

—Sí, así fue —asentí.

—Entonces levántalos al Señor, confiésalo todo como pecado y pide el perdón de Dios. Vamos a orar para que Él te libere de la destrucción que todo esto ha traído a tu vida.

Hice lo que me dijeron, y cuando oraron sentí un alivio físico diferente en la cabeza, el cuello y los hombros. Desapareció el dolor de cabeza que había tenido por días, entraron nuevas fuerzas a mi cuerpo, y me sentí más liviana y limpia de lo que recordara haberme sentido en mi vida.

El peso del pecado no confesado

Cuando se dejan pecados sin confesar, se levanta un muro entre tú y Dios. Aunque quizás lo hayas dejado de cometer, el pecado te pone un lastre, arrastrándote hacia el pasado que intentas dejar atrás.

Lo sé porque solía acarrear sobre mi espalda una bolsa de fallas tan pesada, que a duras penas me podía mover. No comprendía lo encorvada espiritualmente que me había vuelto. Cuando ese día confesé mis pecados, sentí en realidad que el peso se había aliviado.

A menudo fallamos en vernos como responsables de ciertas acciones. Por ejemplo, aunque no es culpa tuya que alguien te maltrate, la *reacción* que te produce ahora el maltrato es tu responsabilidad. Tal vez sientas justificada tu ira o amargura, pero aun así debes confesarla debido a que pierdes el blanco de lo que Dios tiene para ti. Si no lo haces, tu peso finalmente te aplastará. Cuando confiesas, esto te lleva a la vida.

Para que funcione la confesión es necesario que vaya acompañada de arrepentimiento. *Arrepentimiento* significa literalmente «un cambio de mente». Quiere decir volver la espalda, alejarse y decidir no hacerlo otra vez. Significa lograr que tu pensamiento se alinee correctamente con Dios. Es posible confesar sin siquiera reconocer en realidad cualquier falta. Es más, podemos volvernos simplemente buenos disculpándonos sin la intención de ser de otra manera. Confesarse y arrepentirse significa decir: «Esto es culpa mía. Estoy avergonzado y no lo haré más».

Había confesado abiertamente mis pecados a Dios cuando los escribí antes de esa segunda sesión de consejería. Sin embargo, cuando las consejeras oraron por mí experimenté una profunda sensación de perdón. Entonces, Mary Anne me desafió a perdonar a mi madre.

La base del perdón continuo

¿Perdonar a alguien que me trató con odio y saña? ¿Alguien que arruinó mi vida, convirtiéndome en paralítica emocional? ¿Cómo podría

hacerlo?, pensé, anonadada ante la posibilidad de tan abrumadora tarea. Ya había confesado mis pecados y ahora Mary Anne me pedía que perdonara a mi madre... todo en la misma sesión de consejería. *¿No debería esto llevar meses, e incluso años, de terapia?*

—No tienes que *sentir* perdón para decir que perdonas a alguien —explicó Mary Anne—. Perdonar es algo que haces para obedecer al Señor, puesto que Él *te* perdonó. Debes estar dispuesta a decir: «Dios, confieso el odio por mi madre y te pido perdón. La perdono por todo lo que me hizo. La perdono por no amarme y la pongo en tus manos».

Fue muy difícil pero hice lo que Mary Anne dijo. Quería perdonar a mi madre, aun cuando en ese tiempo no sentía nada parecido al perdón. Al final de la oración dije: «Dios, perdono a mi madre». Supe que el poder del Señor debía estar obrando a mi favor en mi vida para que pudiera expresar tales palabras. Y en ese instante sentí el amor de Dios como nunca antes.

La mañana siguiente a este tiempo de consejería y liberación con Mary Anne me desperté sin depresión ni pensamientos de suicidio. Lo sentí extraño porque hasta donde podía recordar, siempre los había tenido. Aun más sorprendente fue que la mañana siguiente, la siguiente y la siguiente, aun no había depresión. Es más, nunca más volví a sufrir esa clase de depresión. A veces me he sentido temporalmente deprimida, pero desde ese día la depresión nunca ha vuelto a paralizarme o a dominarme.

No obstante, pronto aprendí que la falta de perdón hacia mi madre, tan profundamente enraizada como la mía, se debía deshacer por capas, una a la vez. Esto fue muy cierto para mí, pues el maltrato verbal de mi madre simplemente continuó incrementando en intensidad hacia mí. Después de cada asalto verbal, sentía esa misma ira, odio y falta de perdón hacia ella. Tuve que aprender a encargarme de mi voluntad y decir pausadamente: «Señor, mi anhelo es perdonar a mi madre. Ayúdame a perdonarla por completo».

En los dos años siguientes hice esto con más frecuencia de la que puedo contar. Un día en que pedía otra vez a Dios que me diera un corazón perdonador, me sentí impulsada a orar: «Señor ayúdame a tener por mi madre un corazón como *el tuyo*».

Casi de inmediato tuve una visión de mamá como nunca antes la había tenido. Era una mujer hermosa, alegre y talentosa que no me recordaba en nada a la persona que conocí. Mi comprensión me decía que la estaba viendo como Dios había diseñado que fuera y no como ella había llegado a ser. ¡Qué revelación más asombrosa! No la podría haber evocado por mí misma. Nada había superado el odio por mi madre, excepto tal vez la profundidad de mi propio vacío. Sin embargo, ahora sentía misericordia y simpatía por ella.

Uní las piezas del pasado de mamá: la trágica y repentina muerte de su madre cuando solo tenía once años; el suicidio de su amado tío y padre de crianza unos años después; sus sentimientos de abandono, culpa, amargura y falta de perdón. Todo esto contribuyó a su enfermedad emocional y mental. Pude ver cómo su vida, igual que la mía, se había enroscado y deformado por las circunstancias que se salían de su control. De repente ya no sentí odio por ella. En vez de eso, sentí pena por ella.

Estar en contacto con el corazón de Dios por mi madre me dio tal perdón que, cuando mamá murió algunos años después, no tenía ninguna clase de sentimientos malignos hacia ella. Aunque su enfermedad mental y su comportamiento irracional habían empeorado, lo que nos impidió cualquier tipo de relación reconciliada, ya no albergaba amargura ni la tengo hasta hoy día. Es más, mientras más la perdonaba, el Señor más traía a mi mente buenos recuerdos. Me sorprendí por completo al descubrir que hubiera algunos.

La escalera hacia la recuperación total

El perdón conduce a la vida. La falta de perdón es una muerte lenta. Esto no significa que no seas salva, ni que dejarás de ir al cielo. Pero sí significa que no puedes poseer todo lo que Dios tiene para ti y que no serás libre del sufrimiento emocional.

El primer paso para perdonar es *recibir el perdón de Dios* y dejar que esta realidad penetre las partes más profundas de nuestro ser. Al comprender cuánto se nos ha perdonado, entendemos con facilidad que no tenemos derecho a juzgarnos unos a otros. Una vez perdonados y liberados de todo lo que hemos hecho mal, ¿cómo podemos negarnos a obedecer a Dios cuando Él nos pide que perdonemos a otros? ¡Fácil! Enfocamos nuestros pensamientos en la persona que nos ha hecho mal en vez de enfocarnos en el Dios que hace perfectas todas las cosas.

Perdonar es una calle de dos vías. Dios te perdona y tú perdonas a otros. El Señor te perdona rápida y completamente cuando confiesas que has obrado mal. Debes perdonar a otros rápida y completamente, aunque ellos admitan o no su culpa. De todos modos, la mayoría del tiempo las personas no piensan que han hecho algo malo, y si lo sienten seguramente no quieren admitirlo ante ti.

Perdonar es una decisión que *nosotros* tomamos. No la basamos en lo que *sentimos* hacer, sino en lo que *sabemos que es correcto*. Yo no sentía perdonar a mi madre. Sin embargo, *decidí* perdonarla porque la Palabra de Dios dice: «Perdonad, y seréis perdonados» (Lucas 6.37). Ese versículo también dice que no debemos juzgar si no queremos ser juzgados.

Me fue difícil entender que Dios amaba a mi madre tanto como a mí. Él ama a *todas* las personas tanto como me ama a mí. Él ama al asesino, al violador, a la prostituta y al ladrón. Él odia el asesinato, la violación, la prostitución y el robo tanto como odia mi orgullo, mi murmuración y mi falta de perdón. Podríamos sentarnos a comparar nuestros pecados con los de otros y decir: «Los míos no son tan malos como los de ellos», pero Dios dice que todos los pecados apestan; de modo que no debemos preocuparnos por cuáles huelen peor. *Lo más importante de recordar acerca del perdón es que no justifica a la otra persona; te libera a ti.*

Perdonar al abusador

Quizás sientes que la persona abusiva en tu vida es un obstáculo para tu libertad y tu sanidad, pero esto no es cierto. Tu falta de perdón sí lo es. No puedes ser liberada por completo de, o reconciliada con, la persona a la que no has perdonado. Debes estar dispuesta a decir: «Señor, decido perdonar a esta persona. Ayúdame a perdonarla completamente». El proceso de limpieza empieza cuando haces eso. Eso ocurre porque *la ley del Señor es dejar ir, no desquitarse.*

No te desanimes si perdonas un día y al siguiente aun te encuentras enojada, herida e intensamente amargada hacia la misma persona. Sigue llevando al Señor una y otra vez el perdón hacia esa persona. Hay ocasiones en que podemos perdonar rápidamente, pero por lo general perdonar a alguien que nos ha infligido heridas profundas es un proceso continuo, paso a paso. Esto en particular es cierto si no ha habido reconciliación. Has de saber que la obra se ha concluido por completo cuando sinceramente puedes decir que quieres lo mejor de Dios para esa persona. Si estás viviendo en una relación de maltrato continuo, busca la manera de separarte del abusador. El antídoto contra el veneno no funciona muy bien si te la pasas tomando veneno.

Una joven de nombre Donna me llamó pidiendo ayuda.

—Mi padre me violó muchas veces —dijo llorando mientras me

hablaba de su pasado—. Por su culpa ahora soy una paralítica emocional. No puedo perdonarlo.

Le di a Donna algo de tiempo para que se recuperara de la emoción acumulada que liberó cuando me habló de esto.

—Donna, tienes el derecho de sentirte como te sientes —dije entonces—. Lo que te hicieron fue horrible. Fuiste tan marcada y destruida por tu padre que ni siquiera puedes obligarte a decir la palabra *perdón* en la misma frase con su nombre. Sin embargo, dile a Dios cómo te sientes. Él comprende. Dile: «Señor, no tengo nada de amor por mi padre y me siento herida incluso cuando pienso en él. No quiero perdonarlo ni orar por él. Es más, parte de mí quiere un pago por lo que me hizo. Pero ya que me lo pides, oro porque lo bendigas y lo lleves al total conocimiento de ti. Haz que se convierta en la persona que creaste para que él fuera. Me niego a atarlo a mí por mi falta de perdón. Lo libero ante ti y decido perdonarlo este día. Señor, trae completo perdón a mi corazón».

Perdonar a nuestros padres es una de las cosas más importantes que podemos hacer, puesto que la Biblia dice: «Honra a tu padre y a tu madre, para que tus días se alarguen en la tierra que Jehová tu Dios te da» (Éxodo 20.12). Perdonarlos es parte de esa honra, y esto afectará la cantidad y calidad de nuestras vidas.

El pastor Jack Hayford dijo algo que me afectó profundamente con relación al perdón hacia mi madre. Dijo: «Creces odiándote cuando odias a tus padres porque despreciarás lo que ves de ellos en tu persona». Si desprecias algo en ti misma, evalúa si se debe a que te recuerda algo de uno de tus padres. Si es así, allí podría haber un área de falta de perdón.

He descubierto que la mejor manera de cambiar la ira, la amargura, el odio y el resentimiento, en amor hacia alguien es orar por esa persona. Dios suaviza tu corazón cuando haces eso. También te ayuda a recordar que *todos* estaremos ante el mismo tribunal de juicio y nadie que tenga pecado se escapa. Finalmente *todos* lo pagamos. Si sientes que cierta persona abusadora no está pagando suficiente por lo que ha hecho, recuerda que Dios tampoco nos castigará a ti ni a mí como nos merecemos.

Cuando has sido herida en gran manera, es importante que no solo perdones a quien te hirió sino también que perdones todo hecho que llegue a tu mente. En otras palabras, sé específica en confrontar cada uno de tus lugares heridos. Tuve que perdonar todo incidente con mi madre al recordarlo o cuando ocurría. Cada vez que lo hacía me ayudaba a abandonar más de mi pasado y continuar con mi vida.

Podrías sentir que el maltrato en tu pasado te ha impedido convertirte en lo que se suponía que debías ser. Pero en realidad es la falta de perdón por el maltrato lo que te impide llegar a ser quien Dios quiso que fueras. La falta de perdón puede llevarte a ser una madre abusadora sin importan cuán buenas sean tus intenciones. O podrías tener problemas al lidiar con tu enojo si no perdonas los arranques de ira de tus padres contra ti. Entregar tu vida a Dios y vivir a su manera te asegura que te convertirás en todo aquello para lo que fuiste creada, a pesar de lo que te haya sucedido. Eso se debe a que la milagrosa capacidad de Dios se encuentra contigo exactamente donde estás y transforma tu vida.

Si *tú* has herido a otros y necesitas perdón, pide primero perdón al Señor y después a quienes lastimaste. Sin embargo, recuerda que mientras Dios no falla en perdonarte, otras personas sí. Tú no puedes controlar lo que hacen otros.

Confrontar al abusador

Si confrontas a la persona que te maltrató corres el riesgo de una

respuesta defensiva o la negación absoluta. Linda, una joven de veintiocho años, me contó que fue ante su padre y le dijo: «Papá, te perdono por todas las ocasiones en que me acosaste sexualmente». El
padre se avergonzó y se enfureció; la acusó de fabricar toda la historia. Esto la dejó deshecha y se sintió peor que antes.

«Déjame darte algunas sugerencias al respecto —le dije a Linda—. Antes que nada, tu sanidad personal no depende de una admisión de culpa de quien te hirió ni de que el ofensor te pida perdón.
Muchos estaríamos aun lisiados si así fuera. Puedes sanar y ser libre
de tu falta de perdón sin su ayuda. Es más, creo que se puede lograr
más si has recibido cierta cantidad de sanidad emocional *antes* de
confrontar al ofensor. Este debe ser confrontado por un corazón
perdonador y un deseo de reconciliación. De otro modo no estás
mejorando las cosas; estás revolviendo un antiguo problema y con-
siderando responsable al ofensor. Con esto únicamente se consigue
ponerlo a la defensiva. Cuando vayas ante alguien que te haya mal-
tratado u ofendido, asegúrate de ir con humildad, sin esperar *nada* a
cambio».

No fui ante mi madre para decirle: «Mamá, te perdono por todas
las veces que me abandonaste en el clóset, que me pegaste en el rostro por razones que no entendía y que te dirigías a mí con apelativos
obscenos». Lo que sí hice, sin embargo, fue intentar confesarle *mis*
faltas y pedirle *su* perdón. Le dije: «Mamá, sé que fui una adolescente
terrible. Te falté el respeto y te odié, y estoy avergonzada. Perdóname por favor».

Hubiera sido maravilloso oírle decir: «Por supuesto que te perdono, querida. Además, no fuiste tan mala y yo no fui la mejor madre. De todos modos, todo está perdonado, y mira cuán
maravillosamente has cambiado». No esperaba eso y por lo tanto

solo me desilusioné un poco cuando ella continuó hablando de lo mala que había sido yo y de cómo arruiné su vida.

Perdonarte a ti misma y a Dios

Aunque perdonar a otros es importante, también es necesario el perdón en otras dos áreas. Una es *perdonarse a uno mismo*. A menudo las personas heridas emocionalmente sienten culpa por no ser lo que creen que debían ser. En vez de abatirnos por eso, debemos tener misericordia. Tenemos que ser capaces de decir: «Alma, te perdono porque no eres perfecta; y gracias, Dios, porque ahora mismo me estás convirtiendo en todo aquello para lo que me creaste».

Además de perdonar a otros y a ti misma, también debes revisarte para ver si necesitas *perdonar a Dios*. Si has estado enojada con Él, podrías decir algo como: «Señor, he estado enojada contigo desde que mi hermano murió en ese accidente». «Señor, estoy enojada contigo por no darme ese trabajo por el que estuve orando». «Señor, he estado enojada contigo desde que murió mi bebé». «Señor, siento que amas más a mi hermana y a mi hermano que a mí». Sé sincera. No aplastarás el ego de Dios. Libera el dolor y llora. Las lágrimas son liberadoras y sanadoras. Di: «Señor, confieso mi dolor, mi ira y la dureza de mi corazón hacia ti. Nunca más tendré ese coraje contra ti».

Recuerda que el perdón es un proceso continuo. Esto es así porque en el presente ocurren constantes infracciones, aun cuando hayas tratado con el pasado. Ninguno de nosotros se libra de que nuestro orgullo salga herido o de que alguien nos manipule, ofenda o hiera. Cada vez que esto ocurre, queda una cicatriz en el alma si no se confiesa y se trata ante el Señor. Además, la falta de perdón también te separa de tus seres queridos. Ellos sienten un espíritu de falta de perdón, aun sin que logren identificarlo, que los incomoda y los distancia.

Quizás estás pensando: *No debo preocuparme por esto porque ya los he perdonado a todos.* Sin embargo, el perdón también tiene que ver con no criticar a otros. Tiene que ver con recordar que a menudo las personas son como son debido a la manera en que las ha forjado la vida. Esto tiene que ver con recordar que Dios es el único que conoce la historia completa y por consiguiente no tenemos el derecho de juzgar. Sin perdón no podemos liberarnos del pasado. No dejes que la falta de perdón te aleje de la sanidad, el gozo y la restauración que Dios tiene para ti.

Oración

Señor, ayúdame a dejar atrás mi pasado, de modo que me pueda acercar a todo lo que tienes para mí. Sé que tú haces todas las cosas nuevas. Renueva mi mente y mi alma, de tal manera que no permita que las experiencias pasadas empañen mi vida actual. Muéstrame a quién debo perdonar y ayúdame a perdonar por completo. Sáname de todos los recuerdos dolorosos en mi vida, para que pueda llegar a ser quien deseas que yo sea.

Lo que la Biblia dice acerca de
la liberación del pasado

No os acordéis de las cosas pasadas, ni traigáis a
memoria las cosas antiguas. He aquí que yo hago
cosa nueva; pronto saldrá a luz; ¿no la conoceréis?
Isaías 43.18-19

Si alguno está en Cristo, nueva criatura es; las cosas
viejas pasaron; he aquí todas son hechas nuevas.
2 Corintios 5.17

Quítense de vosotros toda amargura, enojo, ira,
gritería y maledicencia, y toda malicia. Antes sed
benignos unos con otros, misericordiosos,
perdonándoos unos a otros, como Dios también os
perdonó a vosotros en Cristo.
Efesios 4.31-32

El que ama a su hermano, permanece en la luz,
y en él no hay tropiezo. Pero el que aborrece a su
hermano está en tinieblas, y anda en tinieblas,
y no sabe a dónde va, porque las tinieblas
le han cegado los ojos.
1 Juan 2.10-11

2

PASO DOS: VIVE EN OBEDIENCIA

«¿*C*uándo llegará el momento en que ya no sienta dolor interno?», le pregunté un día a Dios, algunos meses después de mi sesión de consejería con Mary Anne. Aun cuando me había liberado de la depresión y mi vida era más estable que nunca, aun vivía en una montaña rusa emocional. Mis preguntas a Dios durante esa época continuaban:

«¿Cuándo dejaré de sentirme fracasada?»

«¿Cuándo dejará de afectarme lo que otras personas me dicen?»

«¿Cuándo dejaré de ver toda insinuación de desgracia como el fin del mundo?»

«¿Cuándo podré atravesar los sucesos normales de la vida sin que me traumaticen?»

En ese momento no hubo respuesta de Dios, pero cuando leí la Biblia la mañana siguiente, mis ojos se clavaron en estas palabras: «¿Por qué me llamáis, Señor, Señor, y no hacéis lo que yo digo?» (Lucas 6.46). El pasaje seguía explicando que cualquiera que oye las palabras del Señor y no las pone en práctica está edificando una casa sin cimientos. Cuando venga la tormenta se vendrá abajo y quedará completamente destruida.

Me pregunté: *¿Podría quedar en el olvido y ser destruida por todo* *viento de circunstancia que encuentro en mi camino porque no estoy haciendo lo que el Señor dice que haga en alguna área?* Estaba segura de haber puesto una base firme al entregar mi vida al Señor, pero parecía que esta base solo se podía estabilizar y proteger por medio de la obediencia.

Investigué la Biblia en busca de más información, y donde la abría leía más acerca de las recompensas por obedecer a Dios en pasajes como «Bienaventurados los que oyen la palabra de Dios, y la guardan» (Lucas 11.28).

Mientras más leía, más veía el vínculo entre la *obediencia* y la *presencia de Dios*. «El que me ama, mi palabra guardará; y mi Padre le amará, y vendremos a él, y haremos morada con él» (Juan 14.23). Para este tiempo, estaba convencida que solo podía encontrar recuperación y restauración total en presencia del Señor, por tanto era particularmente admirable la promesa de que mi obediencia abriría la puerta para que Dios morara conmigo.

También vi una conexión definitiva entre la *obediencia* y el *amor de Dios*. «El que guarda su palabra, en este verdaderamente el amor de Dios se ha perfeccionado» (1 Juan 2.5). Según la Biblia, Dios no deja de amarnos si *no* le obedecemos. Aunque Él no ame la manera en que vivimos, aun *nos* ama. Sin embargo, no podemos sentir ni disfrutar plenamente ese amor si no estamos viviendo como el Señor pretende que vivamos.

Mientras más leía acerca de la obediencia, más comprendía que mi desobediencia a las directrices de Dios podían explicar por qué no ocurría nada cuando recitaba una y otra vez las mismas oraciones. La Biblia dice: «El que aparta su oído para no oír la ley, su oración también es abominable» (Proverbios 28.9).

Pensé: *Si no estoy obedeciendo a Dios en alguna manera, entonces no debería esperar que mis oraciones tuvieran respuesta.*

Para alguien que de algún modo ha sido herido emocionalmente, cierta cantidad de liberación y sanidad ocurrirá en su vida por el solo hecho de obedecer a Dios. La Biblia dice: «El que guarda el mandamiento guarda su alma» (Proverbios 19.16). Mientras más obediente seas, más ataduras estarás quitando de tu vida. Hay también cierta confianza sana que llega al saber que estás obedeciendo a Dios. Esta confianza produce valor propio y nutre una personalidad deficiente. Empiezas el proceso al estar dispuesta a decir:

Dios, no quiero ser alguien que se desplome cada vez que algo me sacuda. No quiero que nada me separe de tu presencia y de tu amor. En realidad tengo un corazón dispuesto a obedecer. Muéstrame por favor dónde no estoy viviendo en obediencia, y ayúdame a cumplir con lo que debo hacer.

Hay muchas áreas de obediencia, pero las que mencionaré en este capítulo son importantes para la salud emocional. Da solo un paso a la vez, recordando que el poder del Espíritu Santo en nosotros nos capacita para obedecer al Señor.

Me llevó años entender que se suponía que estuviera haciendo estas cosas, y aun las reviso con regularidad para descubrir dónde me desvié del camino. Espero que camines en estas áreas con más rapidez de la que yo tuve y más pronto comenzarás a disfrutar los beneficios.

Vive en obediencia haciéndote cargo de tu mente

—He comenzado a tener pensamientos incontrolablemente extraños y aterradores —le conté a Mary Anne algún tiempo después de mi liberación en su oficina—. He estado haciendo todo muy bien, no sé lo que sucedió. A veces siento como si estuviera perdiendo el juicio. Es aterrador. Siempre he tenido miedo de volverme loca como mi madre.

—Te aseguro que no te vas a volver loca como tu madre —me contestó con gran confianza—. En primer lugar, no eres tu madre. Eres una persona diferente. Segundo, no estás mentalmente enferma. Pero *estás* mentalmente oprimida.

—¿Qué quieres decir? —pregunté.

—La Biblia nos dice que adquirimos la mente de Cristo cuando nacemos de nuevo, pero aun debemos permitir que esta mente esté en nosotros —me explicó Mary Anne—. Has sido liberada de tu mayor opresión, pero aun debes decidir que te controle la mente de Cristo. Has empezado a escuchar cualquier pensamiento que entra a tu mente.

Esta era una información novedosa para mí. Sabía que Dios nos da una alternativa acerca de cómo vivir, pero no había comprendido que no podía escoger mis pensamientos. Me crié con una madre a quien todo pensamiento absurdo la controlaba. Por esto había concluido que todos debemos ser víctimas de nuestras mentes.

—La Biblia clarifica que no debemos conformarnos a la manera de pensar del mundo —continuó Mary Anne—. Dice que debemos renovar nuestras mentes «llevando cautivo todo pensamiento a la obediencia a Cristo» (2 Corintios 10.5). Dios también clarifica lo que *debemos* permitir en nuestras mentes: «Todo lo que es *verdadero*, todo lo *honesto*, todo lo *justo*, todo lo *puro*, todo lo *amable*, todo lo que es *de buen nombre*; si hay *virtud* alguna, si algo *digno de alabanza*, en esto pensad» (Filipenses 4.8, énfasis añadido). Dios es muy específico acerca de esto, y *tú* también debes serlo.

—Sin embargo, ¿qué hay con los atormentadores pensamientos

sexuales? —pregunté—. Aunque esté sentada en la iglesia, de pronto las imágenes sexuales más perversas destellan en mi mente.

—Te preguntaré algo —contestó ella—. ¿Decides tener esos inmundos pensamientos sexuales?

—¡Definitivamente no! —respondí de inmediato.

—Entonces, ¿de dónde provienen?

—No de Dios —dije con gran seguridad.

—Por supuesto que no. Vienen del enemigo de tu alma. Satanás es quien los pone allí y tú los has aceptado como tuyos. Por eso te sientes culpable por ellos. Esto es opresión mental, una estratagema del diablo. Cuando él comience a traerte cosas parecidas tienes que decirle que te deje tranquila.

–¿Quieres decir que si resisto los pensamientos, estos se irán?

—Definitivamente sí —me aseguró Mary Anne.

—Está bien, ¿y qué de los pensamientos espantosamente aterradores? Inesperadamente tuve anoche una visión con vívidos detalles; en ella un avión se estrellaba de repente contra nuestra casa, explotando en llamas y quemando gravemente a mis hijos. Casi no pude dormir después.

—Todo el mundo tiene miedo de vez en cuando. Sin embargo, ¿hay alguna razón particular porque debas temer un desastre sobre tus hijos?

—No, en realidad no.

—¿*No habrás decidido* tener miedo?

—¡No!

—Por supuesto que no lo harías. Por tanto, ¿de dónde vienen los temores? Del diablo. Reconócelo y no te eches el temor sobre ti. Satanás ha atado más a las personas en las áreas de lujuria y temor que en cualquier otra.

¡Qué revelación! De pronto todos mis pensamientos atormentadores no parecían ser tan agobiantes. Ahora que estaba segura de que no provenían de mí, no debía sentirme culpable por ellos. Lo único que debía hacer era resistirlos en el nombre de Jesús.

Al instante decidí hacer eso. Siempre que a mi mente llegaban pensamientos perturbadores, y los identificaba como no provenientes de Dios, decía en voz alta: «No me dominarán pensamientos negativos. Renuncio a esas imágenes sexuales en el nombre de Jesús. Rechazo visiones de desastres sobre mi familia y sobre mí. Rechazo la sugerencia de que me volveré loca como mi madre. Dios no me ha dado espíritu de temor. Me ha dado dominio mental. Tengo la mente de Cristo y rechazo todos los pensamientos que no vengan del Señor».

Aunque a veces debía orar de ese modo por varios días, generalmente el alivio llegaba de inmediato cuando resistía las insinuaciones mentales negativas y pasaba mucho tiempo alabando a Dios. Hacía lo mismo siempre que un recuerdo de un incidente pasado llegaba una y otra vez a mi mente como un disco rayado. Cada vez que esto pasaba, decía: «Jesús, te entrego este recuerdo y me niego a pensar más en esto». Eso siempre lo detenía. Ahora, aun cuando pueda ser tan vulnerable como cualquiera a un ataque de opresión mental, rápidamente lo identifico y me niego a albergarlo.

Estoy convencida de que no podemos ser totalmente sanos del daño emocional cuando en nuestras mentes se lleva a cabo una guerra continua, especialmente si estamos perdiendo la batalla. La Biblia dice que «no andemos como los otros gentiles, que andan en la vanidad de su mente, teniendo el entendimiento entenebrecido, ajenos de la vida de Dios por la ignorancia que en ellos hay» (lee Efesios 4.17-18). A diario debemos permitir que la mente de Cristo esté en nosotros y que la sabiduría de Dios nos guíe.

¿Cuál es tu estado mental?

Si consideramos que tu estado mental afecta la situación de tu corazón, lo que a su vez afecta todo tu ser, es sabio evaluar a menudo la condición de tu mente haciéndote estas preguntas:

- ¿Me hacen sentir mis pensamientos triste, deprimida, sola o sin esperanza?

- ¿Me ocasionan mis pensamientos ira, amargura o falta de perdón?

- ¿Hacen mis pensamientos que sienta odio y dudas de mí misma?

- ¿Me producen mis pensamientos sensaciones de ansiedad o temor?

- ¿Me hacen repetir constantemente recuerdos negativos?

- ¿ Las imágenes sexuales inmorales llegan a dominar mis pensamientos?

- ¿Hacen mis pensamientos que me sienta inmunda o enferma?

- ¿Me ocasionan mis pensamientos algo distinto a la paz y al bienestar?

Si respondiste sí a alguna de estas preguntas, estás viviendo con tormentos innecesarios y es hora de hacerte cargo de tu mente. Sin embargo, no creas que estás sola. Quien alguna vez ha sufrido heridas emocionales traumáticas es muy susceptible a estas sensaciones. No solo tenemos que tratar con malos recuerdos; el diablo se deleita en tomar los hechos dolorosos de nuestro pasado y sembrarlos como semilla de negatividad en la mente.

La mejor manera de dominar tus pensamientos es controlar las influencias externas. ¿Sabías que puedes volverte temerosa y ansiosa simplemente viendo programas perjudiciales de televisión, aunque al momento no parezcan inquietantes? Piensa en esto. ¿Cuántos programas televisivos has visto y después te has sentido inspirada, esperanzada, llena de energía, llena de amor, y motivada a hacer cosas buenas? Estoy segura que no muchos. Por lo general nos sentimos cansadas, vacías, inquietas, intranquilas, inmundas o temerosas. Eso se debe a que cualquier cosa que entra a tu mente afecta tus emociones. Debes ser específica acerca de lo que permites entrar a tu mente y llevar cautivo *todo* pensamiento.

No dejes simplemente que la televisión esté prendida por horas. Debes saber con exactitud qué programa estás viendo y por qué lo estás haciendo. No te des la libertad de decir: «En realidad no pongo atención a la televisión. Simplemente la dejo prendida para que me haga compañía todo el día». Hazte el hábito de preguntar al Espíritu Santo: «¿Es esto bueno para mí?» Si te deja deprimida, temerosa o frustrada, apágalo de inmediato. Nada que venga de Dios te hará sentir así.

¿Qué clase de revistas lees? ¿Enriquecen tu vida, o te hacen sentir deprimida, frustrada, no realizada, culpable o insatisfecha con la vida que Dios te dio? Si así es, tíralas. ¿Y qué de las películas que ves o los videos que alquilas? ¿Te hacen sentir bien contigo, con otras personas, y con la vida en general? Si no es así, aléjate. Lo que no te alimenta te consume. Si no es de Dios, hará anestesiar tu corazón hacia lo que sí es de Él.

Una fantasía es una serie de imágenes mentales que generalmente involucran algún deseo insatisfecho. No te tragues el cuento de que puedes fantasear en lo que quieras, porque eso no es cierto. Cuando algo pasa en la mente, está ocurriendo en la realidad. Las vidas de muchas personas se tuercen porque sus pensamientos no son puros, por tanto se ponen a pensar en cosas que no son inspiradas por el Señor.

Toma el mismo enfoque cuando las cosas que han sucedido en el pasado regresan a tu mente. A menos que intentes recordarlas para el propósito específico de ser sanada o liberada, no dejes que tu mente ponga en acción repeticiones continuas. No permitas que el enemigo de tu alma te llene una y otra vez con pesares y remordimientos de sucesos pasados. No dejes que tu mente vague y corra de un pensamiento de ansiedad y dolor a otro. Lleva inmediatamente al Señor todo pensamiento negativo. Reconoce que necesitas el poder de Dios para poder tomar control de tu mente, y pídele que te ayude a librarte de cualquier cosa negativa que se haya acumulado allí.

Tácticas de guerra

El arma principal en la guerra mental es que nutras a propósito tu mente con la verdad y el poder de Dios. Piensa en la grandeza del Señor. Llena tu mente con su Palabra. Lee revistas y libros cristianos. Escucha música cristiana en tu casa y en tu auto. Pon música de adoración lo suficientemente alta para acallar las voces negativas en tu mente. Hay películas, música, libros y programas de televisión que quizás no afirmen que «Jesús es el Señor», pero que se basan en principios cristianos y tienen un espíritu cristiano detrás de ellos. Búscalos. Recuerda que cualquier cosa que entre a tu mente se convierte en parte tuya. Para controlar tus emociones, primero debes controlar tu mente.

Quienes han sido maltratados gravemente a menudo luchan con la sensación de que se están volviendo locos. Si hay enfermedad mental en tu familia, podrías temer, como lo hacía yo, que se transmitirá a ti o a otro miembro de la familia. Si es así, debes llegar al pleno conocimiento, sin dudar en absoluto, que *cualquier cosa distinta al sano juicio no viene de Dios.* La enfermedad mental no necesariamente se tiene que transmitir de generación en generación. Tampoco los pecados de los padres han de recaer sobre los hijos hasta la tercera y la cuarta generación si se tiene la autoridad de Jesús y el poder del Espíritu Santo para detenerlos.

Si en algún momento te sientes confundida, desorientada o mentalmente frágil, di: «Gracias Señor, que me has dado amor, poder y sano juicio». Luego alaba a Dios hasta que se vayan esas sensaciones. Si tienes que hacer esta oración cientos de veces al día, hazlo. A veces repito una y otra vez: «Dios me ha dado sano juicio. Dios me ha dado sano juicio». Me niego a creer la mentira de que terminaré como mi madre. Me niego constantemente a repasar el pasado y a vivir con terror del futuro.

No hay un patrón estático para los creyentes. O vamos hacia adelante o hacia atrás. O nos estamos renovando o consumiendo. Estamos en guerra, la que nos declara el enemigo que quiere controlar nuestras mentes. Si estás dolida, es probable que el diablo ya tenga gran acceso a tu mente. No le cedas más territorio. Camina en obediencia tomando *ahora* el control de tu mente.

Vive en obediencia y renuncia a lo oculto

—Quiero que renuncies a toda participación que hayas tenido en lo oculto —me sugirió Mary Anne en nuestra segunda sesión.

Me pregunté: *¿Participación en lo oculto? ¿Cuál es el problema con eso?* Nunca pasó por mi mente que juguetear con lo sobrenatural era algo digno de confesarse. Comencé lentamente en el ocultismo con tablas ouijas, horóscopos, numerología y meditación trascen-

Lo que la Biblia dice acerca de tomar el control de tu mente

No os conforméis a este siglo, sino transformaos
por medio de la renovación de vuestro
entendimiento, para que comprobéis cuál sea la
buena voluntad de Dios, agradable y perfecta.
Romanos 12.2

Derribando argumentos y toda altivez que se
levanta contra el conocimiento de Dios, y llevando
cautivo todo pensamiento a la obediencia a Cristo.
2 Corintios 10.5

Ya no andéis como los otros gentiles, que andan en
la vanidad de su mente, teniendo el entendimiento
entenebrecido, ajenos de la vida de Dios por la
ignorancia que en ellos hay, por la dureza de su
corazón.
Efesios 4.17-18

El ocuparse de la carne es muerte, pero el ocuparse
del Espíritu es vida y paz.
Romanos 8.6

dental. Luego participé en proyecciones astrales, sesiones de espiritismo para invocar a los muertos, hipnotismo, Ciencia de la Mente y varias religiones orientales. Con frecuencia el ocultismo era aterrador, pero atrayente. Los libros que leí sobre el tema prometían que estos métodos me ayudarían a encontrar a Dios y la paz eterna.

Toda práctica ocultista que intenté me llevó a sentirme eufórica, pero pronto llegaba una gran decepción. Nada de eso ofrecía suficiente fundamento para sustentarme por mucho tiempo. Aun así, me urgía tanto un descanso aunque fuera temporal del sufrimiento emocional, de los temores irracionales y de un vacío consumidor, que profundizaba en esto cada vez más.

—¿Qué quieres decir con renunciar a mi participación en lo oculto? — le pregunté a Mary Anne—. No me he metido con eso desde que recibí al Señor.

—Eso está bien, Stormie, pero déjame leerte lo que dice la Palabra de Dios acerca de lo grave de participar en el ocultismo:

No sea hallado en ti quien [...] practique adivinación, ni agorero, ni sortílego, ni hechicero, ni encantador, ni adivino, ni mago, ni quien consulte a los muertos. Porque es abominación para con Jehová cualquiera que hace estas cosas (Deuteronomio 18.10-12).

—No solo tienes que dejar de practicar estas cosas —continuó Mary Anne—, debes renunciar a ellas ante Dios y echar fuera los espíritus satánicos que hay detrás, para que no vuelvan a tener asidero en tu vida.

No quería creer que el ocultismo fuera tan malo pero creía que la Biblia era la Palabra de Dios. Si Dios decía que estaba mal, estaba dispuesta a cortar cualquier asociación con eso. Por tanto confesé y re-

nuncié a toda mi participación ocultista, y Mary Anne oró por mí
para liberarme de esto. Cuando lo hizo sentí una sensación distinta,
como la emisión de una carga eléctrica por mi cabeza, garganta, pe-
cho, estómago, e incluso mis manos. De inmediato sentí como si me
hubiera liberado de un torno, en el que me había metido sin darme
cuenta. Sentí fuerzas renovadas y tuve una sensación de paz, seguridad y bienestar que nunca antes había conocido.

Alinéate con un ganador

Lo que la Biblia dice acerca del ocultismo es claro. Si nos alineamos con él no podemos estar alineados con Dios. El pastor Jack
Hayford dice: «El ocultismo es real en su poder pero errado en su
fuente. Deriva su poder del reino de la oscuridad». Sobre el tema de
la astrología dice: «El peligro de la astrología es más que una simple y
supersticiosa pérdida de tiempo. Comerciar con las prácticas ocultas
es traficar con lo demoníaco. No es el resultado de alguna influencia
cósmica emitida por las estrellas sino una emanación diabólica que
emana del mismo Satanás, cuyo propósito no es más que robar, matar y destruir».

A menudo me dice la gente: «Pero estas cosas son verdaderas.
Una vez me leyeron la suerte y todo resultó verdad».

Sí, estas cosas son reales y a veces la gente puede predecir con
exactitud, pero el poder que hay detrás nunca puede saber *toda* la
verdad y no conoce la mente de Dios. Satanás tiene ciertos poderes
sobrenaturales pero su sabiduría está limitada y es un perdedor. Por
otra parte, Dios es omnisciente y todopoderoso. Él nos da libertad
de escoger a quién servir; y cuando decidimos ir solo ante Él para
todo lo que necesitamos, tenemos la garantía de ser triunfadores.
No podemos darnos el lujo de alinearnos con un perdedor.

Quizás pienses que leer el horóscopo y revisar el signo astrológi-

Lo que la Biblia dice acerca de renunciar al ocultismo

Comparezcan ahora y te defiendan
los contempladores de los cielos, los que
observan las estrellas, los que cuentan los meses,
para pronosticar lo que vendrá sobre ti. He aquí que
serán como tamo; fuego los quemará, no salvarán
sus vidas del poder de la llama; no quedará brasa
para calentarse, ni lumbre a la cual se sienten.

Isaías 47.13-14

Si os dijeren: Preguntad a los encantadores
y a los adivinos, que susurran hablando, responded:
¿No consultará el pueblo a su Dios?
¿Consultará a los muertos por los vivos?

Isaías 8.19

He aquí os doy potestad [...] sobre toda fuerza
del enemigo, y nada os dañará.

Lucas 10.19

co de alguien es inofensivo, que una tabla ouija es simplemente un juego de salón, que la meditación trascendental te brinda un día más pacífico, o que la lectura de las manos es divertida, pero te están engañando. Eso no es inofensivo; es destructivo. Cada experiencia contribuirá a tu depresión, temor y confusión final. Si eso se ha de interponer en el camino de tu bendición, sanidad, liberación y realización ilimitada, ¿por qué la querrías?

El misticismo no cumplirá su promesa. Te puedes sentar en la posición del loto hasta que tengas cien años y no escaparás de la maldición en tu vida. Puedes hacer que te lean la mano cien veces y no encontrarás la libertad que necesitas. Puedes seguir tu carta astrológica todos los días y nunca te librarás de tus sensaciones de baja autoestima. Puedes conectarte con antiguos gurús y tener experiencias extrasensoriales hasta el final de tus días, y seguirás teniendo el mismo sufrimiento emocional en el estómago.

Créeme, lo sé. Ya estuve allí. Intenté todo eso. No funciona. Sin embargo, el peligro no es que no funcione sino que funciona lo suficiente para hacerte pensar que sí funciona, y te atrapa. El peligro es que el poder que hay detrás es verdadero e intenta destruirte. Aunque tal vez solo estés jugando, el diablo no juega. Si te vinculas con el espíritu de hechicería, quizás averigües que algún día tendrás un nuevo empleo y que llegará a tu vida un extranjero alto y moreno. Sin embargo, eso no tendrá valor alguno si vas a caer en el camino del infierno.

Actúa de inmediato

Si ahora mismo estás involucrada en el ocultismo o has tenido alguna participación, debes renunciar completamente a esto ante Dios. No puedes estar alineada con Satanás y esperar que Dios te libere. Dile al Señor: «Confieso mi participación con espíritus diferentes al Espíritu de Dios». Luego enumera cada clase de práctica oculta con la que hayas tratado. «Renuncio a la astrología, renuncio a la adivinación, renuncio a las tablas ouijas, renuncio a la reencarnación, renuncio a las sesiones de espiritismo, renuncio a la numerología, renuncio a la lectura de hojas de té, renuncio a los horóscopos, renuncio a la escritura automática, renuncio a la brujería, renuncio al hipnotismo, renuncio al yoga, renuncio a la proyección astral, renuncio al satanismo, renuncio al espiritismo, renuncio a la percepción extrasensorial, renuncio a las cartas del tarot, renuncio a la lectura de cartas, renuncio al control mental, renuncio a la meditación trascendental, renuncio a la levitación, renuncio a falsas religiones, renuncio a la canalización. Reconozco estas prácticas como satánicas y ato los poderes de las tinieblas que hay detrás. En el nombre de Jesús rompo cualquier atadura que hayan tenido sobre mí».

Si has estado *fuertemente* involucrada en lo oculto, pide a un pastor, un consejero u otro creyente firme que ore por ti para ser libre de la atadura que te acompaña. Luego continúa revisando si descubres prácticas ocultistas que puedan entrar sigilosamente.

Pide al Señor que haga surgir todo en tu vida que no provenga de Él, y cuando lo haga, renuncia a eso en el nombre de Jesús y no tengas nada más que ver con tales actividades. *Ten en cuenta que ocultismo es mirar a otro que no sea Dios como fuente de poder en tu vida. Nunca* encontrarás restauración mientras el ocultismo tenga *algún* derecho en ti.

Vive en obediencia diciendo no a la inmoralidad sexual

—Es muy importante incluir todo pecado sexual que hayas cometido —me sugirió Mary Anne la primera vez que la vi, cuando me pidió que fuera a casa e hiciera una lista de mis pecados.

Pensé: *Qué embarazoso*. Mi apremiante necesidad de amor, aprobación e intimidad era tan fuerte que me había metido en una relación equivocada tras otra. Sería mortificante hablar con ella al respecto.

—No tienes que entrar en detalles —agregó Mary Anne como si supiera exactamente lo que pensaba—. Solo escribe el nombre, confiesa tu implicación y pídele a Dios que te restaure. Oraremos por toda la lista la próxima vez.

Cuando salí de su oficina comencé inmediatamente a recordar varios casos y cada uno me hizo sentir avergonzada. Descubrí que me sentía bien al escribir mi «lista de pecados», confesarlos a Dios y pedir perdón exactamente como Mary Anne me dijo que hiciera; era como la libertad que llega después de contar un mal secreto. Lo había confesado. Dios lo había perdonado. Mientras no lo cometiera de nuevo, estaba consumado. Me sentí limpia y renovada. Descubrí que la pureza y la responsabilidad sexual contribuyen a una sensación de bienestar y hacen que una persona se sienta bien de sí misma.

El sexo como una cadena del alma

Inmoralidad sexual es tener sexo con alguien con quien no te has casado. Las personas por lo general son sexualmente inmorales porque, o creen que no hay nada malo con la inmoralidad sexual o son demasiado inseguras y necesitadas de intimidad, amor, afirmación y poder para decir no.

Todos necesitamos amor y, cuando nos desesperamos, lo buscaremos donde podamos encontrarlo. No obstante, el sexo fuera del matrimonio nunca será el amor comprometido, sacrificado e incondicional que en realidad necesitamos. No es que Dios sea un mojigato. Después de todo, el sexo es idea de Él. Pero Él estableció ciertas pautas para nuestro beneficio, y solo dentro de ellas podemos encontrar plena realización.

El problema con la inmoralidad sexual es que no solo es un encuentro físico; también invade el alma. La relación sexual une a una persona con otra. Cuando la relación se rompe, una parte de la personalidad de cada individuo involucrado se debilita. Muchas de esas relaciones ocasionan serias erosiones. Para cuando alguien encuentra con quien se *supone* que debe estar, está tan fragmentado que no tiene un ser completo para ofrecer.

Sandi había experimentado muchas relaciones nocivas y un corto matrimonio con un hombre que la dejó por otra mujer, estando Sandi embarazada. Cuando acudió a mí estaba deshecha, herida, temerosa y muy consciente de cómo la había destruido su promiscuidad. Después de varios meses de reunirse conmigo recibió a Jesús, renunció a las drogas y a las prácticas ocultistas y terminó su aventura amorosa con el joven con quien se veía. Comenzó a asistir a la iglesia y en pocos meses se había despojado de su insomnio, de su temor a la soledad, de su falta de perdón hacia su ex marido y de su falta de estima personal. Estaba en el sendero de la restauración. Me emocionaba la forma en que dejaba que Dios obrara en su vida.

Entonces un día Sandi acudió a una cita a ciegas con un joven alto, bien parecido y próspero que parecía tener todo lo que ella quería en un esposo. Inmediatamente se enamoró de él y, en su soledad y desesperación por afecto, no hizo caso a lo que la Biblia dice acerca del sexo fuera del matrimonio. Al contrario, cayó en mentiras como: «Nos amamos... De todas maneras nos vamos a casar... ¿Cómo podemos saber si somos compatibles... Esto no hiere a nadie... Todo el mundo lo hace...»

El hombre estuvo con Sandi por poco más de un año, y durante ese tiempo ella dejó de asistir a la iglesia, abandonó la lectura de la

Biblia y dejó de orar. Después que la dejó, volvió a caer presa del miedo, la depresión y se llenó de culpa. Comenzó a experimentar graves problemas físicos, uno tras otro; y cuando la volví a ver estaba envejecida y vacía, como si estuviera agonizando. La llevé de nuevo a la iglesia, donde comenzó a recibir consejería, pero le llevó mucho tiempo recuperar la sanidad que arruinó. Perdió años de su vida y aplazó el encuentro de la restauración de Dios para ella y posiblemente al esposo piadoso que anhelaba de todo corazón. No permitas que esto te pase a ti.

Cuando no fue tu culpa

—No soporto oír hablar de inmoralidad sexual —me dijo llorando una joven llamada Carolina—. De por sí ya me siento irreparablemente sucia y esto solo me hace sentir peor.

Carolina narró su horrorosa historia de repetidos actos sexuales con su padre desde la época en que tenía nueve años y de una cita en que la violaron cuando era adolescente. Después de eso se volvió promiscua y sentía que la pureza sexual estaba para siempre fuera de su alcance. Tenía una horrible sensación de desesperanza.

—Carolina, la pureza sexual, como la virginidad, es algo a lo que solo tú puedes renunciar. No es algo que se puede extraer de ti. Esto es así porque la pureza sexual es un asunto del corazón. Alguien puede penetrar tu cuerpo a la fuerza, pero no puede penetrar tu corazón, tu alma y tu espíritu.

—Pero no me entiendes —sollozó Carolina—. No intenté rechazar a mi padre. Ni siquiera intenté detener la violación. Me volví promiscua. ¿No ves? Dejé que todo sucediera.

—Dime por qué no los rechazaste ni intentaste detenerlos —le pregunté sabiendo cuál sería su respuesta.

—Tenía miedo de luchar —explicó ella, con la voz llena de odio hacia sí misma y de remordimiento.

—Déjame explicarte algo, Carolina —le dije—. Tuviste miedo de luchar en el momento en que tu padre te obligó a tener sexo con él. Cuando se abusa sexualmente de una niña, se le quita su capacidad de tomar decisiones firmes. Todo lo que hace a partir de ese momento es para sobrevivir, o por el contrario, para autodestruirse. Desde ese primer momento de abuso sexual no redimido ni sanado te volviste incapaz de hacer algo distinto de lo que hiciste. No había alternativas para ti, solo la ilusión de decidir. Sin embargo, Dios hace nuevas todas las cosas. Eso significa que eres tan pura como cualquiera puede serlo en el momento en que dejas entrar a Jesús a tu corazón, le entregas tu pasado y te comprometes a caminar en pureza sexual. La confesión, el perdón, la liberación y el amor restaurador del Señor son un proceso que te limpiará del residuo de lo ocurrido en el pasado. No permitas que el diablo se lleve eso de ti haciéndote sentir inmunda.

Heridas tan profundas como las de Carolina no se curan de la noche a la mañana. Se necesita mucha oración, consejería y amor. Pero la esperanza se inició en ella cuando captó la visión de sí misma siendo pura.

Si te sientes tentada por la impureza sexual debido a acciones en que no tuviste alternativa, Dios quiere que seas libre de la carga que esto te produce. Habla con el Señor acerca de todo lo sucedido. Debes declararle todo incidente de tu memoria para que pierda su poder de atormentarte. Entonces pídele que te limpie de todo efecto que eso tenga.

Cómo edificar una relación duradera

El sexo solo se debe asociar con una relación duradera, y sin casarte no estás comprometida a nada duradero sino a algo que dura mientras te sientes bien. Además, siempre pagamos un precio excesivo cuando adquirimos la filosofía de que «si te hace sentir bien, hazlo». Por otra parte, ganamos en amistad si sentimos que la abstinencia física nos cuesta. Cuando eliminas el lado físico de una relación, descubres lo que en realidad hay en ella; y no sales destruida cuando la terminas. El sexo antes del matrimonio significa que no has establecido primero la relación como una amistad; por eso es que muchas relaciones no funcionan.

La inmoralidad sexual hiere nuestras almas y perjudica nuestras emociones de modo más grave que cualquier otra desobediencia. El camino de regreso de tal devastación hacia el ser interior también se hace más lento porque la fragmentación del alma es más profunda que la causada por cualquier otro pecado. La Biblia dice: «El que fornica, contra su propio cuerpo peca» (1 Corintios 6.18). *Siempre* pagaremos por eso y el precio *siempre* será demasiado elevado.

Sé cuán difícil es este paso de obediencia, especialmente para alguien necesitado emocionalmente o quien ha sufrido heridas, rechazo o falta de amor. Es irresistible el hecho de que alguien parezca cuidarte y te haga sentir amada y bien acerca de ti misma. Afortunadamente tenemos a Dios que comprende cuán difícil es. Por eso Él puso su Espíritu en nosotras para vencer la tentación. Su única exigencia es que tengamos un corazón que diga: «Quiero hacer lo correcto. Dios, ayúdame a hacerlo».

Si tienes algún pecado sexual inconfeso en tu pasado, confiésalo de inmediato. No caigas en la trampa de pensar: *¿Cómo puedo confesar este incidente como fracaso sexual si esa persona me hizo sentir muy bien? O ¿cómo puedo confesar algo que no quiero dejar de hacer? O ¿Por qué debo confesar algo que no fue culpa mía?* El pecado destruye tu vida, ya sea que lo hayas disfrutado en ese momento o no, ya sea

Lo que la Biblia dice sobre decir no a la inmoralidad sexual

El cuerpo no es para la fornicación, sino para el
Señor, y el Señor para el cuerpo.

1 Corintios 6.13

Todo aquel que es nacido de Dios, no practica
el pecado, porque la simiente de Dios permanece
en él; y no puede pecar, porque es nacido de Dios.

1 Juan 3.9

Haced morir, pues, lo terrenal en vosotros:
fornicación, impureza, pasiones desordenadas,
malos deseos y avaricia que es idolatría [...] en
las cuales vosotros también anduvisteis en
otro tiempo. [...] Pero ahora dejad también
vosotros todas estas cosas.

Colosenses 3.5,7-8

Fornicación y toda inmundicia, o avaricia,
ni aun se nombre entre vosotros.

Efesios 5.3

Si pecáremos voluntariamente después de haber
recibido el conocimiento de la verdad, ya no queda
más sacrificio por los pecados.

Hebreos 10.26

que lo hayas querido cometer o no, aunque haya sido tu decisión o no.

Si tienes ahora una aventura sexual fuera del matrimonio, debes pedir al Espíritu Santo que te ayude a dar los pasos necesarios para liberarte de ella. Di:

> Espíritu Santo: Examina mi personalidad y guía mis acciones de acuerdo con los caminos de Dios. Abre mis ojos a la verdad de tu Palabra. Ayúdame a mantenerme en lo que es correcto y fortaléceme para decir no a la desobediencia sexual. Ayúdame a establecer las reglas para mis relaciones y a resistir todo lo que no sea lo mejor de ti para mi vida.

Si caes otra vez después de hacer esta oración, no te apartes de Dios. Confiesa, ora de nuevo e inténtalo con más firmeza. Si tienes una fuerte adicción sexual, debes buscar consejo. Algo en tu pasado la ha ocasionado, y Dios quiere sanarte.

Si ya estás convencida de que deseas vivir en pureza sexual y estás saliendo con alguien que te está presionando a violar esa convicción, entonces el nivel de compromiso de ese individuo ante Dios y ante ti no es lo que debería ser. Debes pensar en cortar la relación hasta que este asunto se pueda reconciliar ante Dios. Si la persona te ama realmente y esta relación es correcta, nada se habrá perdido y mucho se habrá ganado.

La inmoralidad sexual cierra las posibilidades que Dios tiene para tu recuperación perdurable. Permitir que ese pecado debilite tu existencia es contraproducente, cuando estás intentando volver a unir las piezas de tu vida. Solo una afluencia de la santidad de Dios puede dar plena realización. Mira lo que te ocurre cuando dices «¡no!» a la inmoralidad sexual y «¡sí!» a la restauración de Dios.

Vive en obediencia limpiando a fondo tu casa

Después de la sesión liberadora de consejería, Mary Anne me dio instrucciones de pasar tanto tiempo como me fuera posible leyendo la Biblia, para llenar con la verdad del Señor cualquier espacio vacío en mí. Estaba ansiosa de hacerlo, por tanto decidí leer la Biblia de corrido. Tenía mucho tiempo libre porque no estaba trabajando y mi esposo estaba muy ocupado con sus proyectos, por lo tanto leía casi todo un libro de la Biblia diariamente. Cada página se llenaba de significado y me cautivaba como las mejores novelas famosas que solía leer.

No había leído más de unos minutos acerca de las bendiciones de la obediencia en Deuteronomio 7 cuando me encontré con las palabras del último versículo: «No metas en tu casa nada que sea abominable. Todo eso debe ser destruido» (v. 26, NVI).

¿Algo abominable? ¿En mi casa? Señor, ¿tengo eso? Si es así, muéstramelo.

Casi antes de que las palabras salieran de mi boca pensé en mis sesenta o setenta libros sobre ocultismo, espiritismo y religiones orientales. Dejé de leerlos cuando recibí a Jesús y renuncié a mi participación en todo eso; pero aún tenía los libros. Los había observado brevemente en una ocasión, pero no cruzó por mi mente el pensamiento de botar esos costosos libros de tapa dura. Pensé que podría regalarlos alguna vez a una de mis amigas incrédulas.

De repente sentí vergüenza ante la hipocresía de tal pensamiento. Ahora que era cristiana, ¿regalaría a amigas no creyentes mis libros sobre adoración a otros dioses? ¡Qué ignorancia! Esos libros defendían el mal que casi había destruido mi vida; sin embargo, estaba dispuesta a dejar que influyeran en la vida de alguien más. Tomé de veinte a treinta bolsas de compras y me dirigí a mis estantes (una mujer con una misión). Revisé cada uno de mis cientos de libros y deseché los relacionados con el ocultismo o con cualquier material cuestionable.

No obstante, no me detuve allí. Mientras más pensaba en eso, más reconocía otras posesiones ofensivas. Mi misión de buscar y destruir pronto incluyó pinturas, esculturas, tapices, bandejas pintadas a mano y una miscelánea de artículos que exaltaban a otros dioses. Boté discos y casetes que eran negativos, satánicos o cuestionables de algún modo.

Para entonces me sentí tan bien que pensé: *¿Por qué detenerme allí?* Boté toda la ropa que no glorificaba a Dios. Deseché rápidamente mis vestidos escotados, blusas transparentes y jeans demasiado apretados. También regalé todo lo que me recordaba mi primer matrimonio, mis antiguos enamorados y mis épocas infelices.

Podría sonar como una fanática en una cacería de brujas, pero me movía una firme decisión a separarme de cualquier cosa que me separara de Dios. Había experimentado suficientes bendiciones de Dios como para saber que deseaba *todo* lo que Él tenía para mí. Cuando terminé la limpieza espiritual de mi casa me sentía rejuvenecida y desbordante de vida y entusiasmo. Sentía un avance espiritual y emocional como si al fin hubiera superado alguna barrera invisible.

Desde esa ocasión hago periódicamente esta clase de limpieza en mi casa, nunca a la medida de esta primera experiencia porque tengo cuidado de no acumular nada «abominable». No obstante, caminar con el Señor afina nuestro discernimiento y las cosas que nunca antes había visto como dañinas se me revelan ahora como promotoras de destrucción.

Años después, por ejemplo, cuando mi hijo Christopher era adolescente y sufría continuas pesadillas, oré al respecto y me sentí guiada específicamente a entrar en su cuarto y revisar sus juegos de computadora. Tenía muchos, pero sentí que debía tomar uno que un amigo cristiano le había prestado por una semana. No había nada sospechoso por fuera, pero cuando revisé las instrucciones descubrí la peor basura satánica que me podía imaginar.

Cuando mi hijo llegó del colegio le mostré el manual de instrucciones. Le manifesté mi creencia de que sus pesadillas estaban asociadas con el juego. Estuvo de acuerdo en no querer más ese juego, por lo tanto lo destruimos de inmediato; entonces mi hijo, mi esposo y yo oramos en todo el cuarto. Las pesadillas se detuvieron. ¿Coincidencia? No lo creo.

Cómo discernir lo negativo

Llega un momento cuando caminamos con Jesús en que es hora de hacer una limpieza general. Resultará obvio que debes quitarte de encima algunas cosas. Todo lo que represente inmoralidad sexual, prácticas ocultistas o cualquier clase de mal, por ejemplo, está destinado al bote de la basura. Otras cosas quizás no sean dañinas, pero pueden ser destructivas para ti debido a una asociación negativa. Por ejemplo, los obsequios de un antiguo enamorado (aunque fuera una gran persona y la relación hubiera sido feliz) no tienen lugar en tu vida si ahora estás casada. Es más, debes eliminar cualquier posesión que te recuerde individuos, incidentes o cosas que no sean del Señor (o que te hagan reaccionar negativamente con depresión, enojo, ansiedad o miedo). Regálalas si le son útiles a alguien que no tenga vínculos emocionales con ellas.

¿Y qué de tu computadora? ¿Tienes acceso a pornografía u otros sitios dudosos? Esta información es tan mala y peligrosa como el ocultismo. Lo que metemos en nuestras mentes a través del Internet se queda y afecta nuestras vidas, no importa cuán fugaz o inofensivo pueda parecer.

Lo que la Biblia dice acerca de limpiar tu casa

Limpiémonos de toda contaminación
de carne y de espíritu,
perfeccionando la santidad
en el temor de Dios.
2 Corintios 7.1

No pondré delante de mis ojos cosa injusta.
Salmos 101.3

La maldición de Jehová está
en la casa del impío,
pero bendecirá la morada de los justos.
Proverbios 3.33

En la integridad de mi corazón
andaré en medio de mi casa.
Salmos 101.2

Para ganar discernimiento llena tu corazón y tu mente con la Palabra de Dios. Pasa mucho tiempo en oración y adoración. Luego pide: «Señor, muéstrame si hay algo abominable en mi casa». Busca en tus clósets y armarios. Revisa tus paredes y estantes. Bota cualquier cosa sospechosa. Lo que no *edifica* no debe ser parte de tu vida.

La limpieza espiritual

También es una buena idea orar por tu casa y limpiarla espiritualmente. Cada vez que nos hemos mudado a una casa distinta hemos pedido a un pequeño grupo de creyentes que nos ayuden a orar en ella. Caminamos por los límites de la propiedad y por todos los cuartos, pidiendo que la paz y la protección del Dios supremo reinen allí. Pedimos al Señor que ate cualquier influencia que el diablo pueda haber tenido en la propiedad, y echamos fuera al enemigo. Luego proclamamos que la casa y la propiedad pertenecen al Señor.

Si nunca has orado por tu casa, apartamento o cuarto, entonces hazlo de inmediato. No vivas en un lugar que no esté cubierto por el Señor. Si puedes, únete a uno o más creyentes para orar, y pidan por estos asuntos:

- Que la paz y la protección de Dios estén en tu hogar

- Que no pueda entrar nada maligno

- Que se rompa cualquier situación de atadura que busque establecerse allí

No disfrutarás la paz y la calidad de vida que deseas hasta que limpies tu casa completamente. Reemplaza cualquier cosa que saques de tu vida con algo del Señor. Compré música y libros cristianos para reemplazar los que tiré a la basura. Busqué arte y ropa que glorifican a Dios.

Mientras menos contacto tengas con lo que no es de Dios, más de Dios puedes tener en tu vida, y más de ti conocerá su amor, paz, gozo, sanidad y completa restauración.

Vive en obediencia cuidando tu cuerpo

Durante mis años de adolescencia y principios de mi edad adulta, las intensas emociones negativas provocaron en mi cuerpo físico una sucesión de enfermedades relacionadas con el estrés. Sufrí desde problemas de piel, dolores de cabeza y fatiga crónica, hasta infecciones y alergias. Varios meses después de haber recibido al Señor me debilité tanto, que me aparecieron llagas en la boca y casi no podía comer o hablar. El médico al que acudí en busca de ayuda me dijo que padecía una grave deficiencia de vitamina B. Metió una aguja en mi cadera derecha y vació una enorme jeringa de vitamina B que me dolió tanto que apenas me pude parar.

Sé que esto duele pero necesitas esta dosis fuerte para ayudarte a limpiar esas llagas —me dijo el médico. Luego agregó sin reír en absoluto: «Quiero que regreses por otra dosis tres veces a la semana hasta que te puedas poner en pie, pero debes comenzar a preocuparte por ti. Debes comer bien, descansar lo suficiente; además te aconsejo que abandones cualquier cosa que te esté causando el estrés en tu vida antes de que tal estrés te mate».

Pagué la cuenta y salí adolorida hacia el auto; aun sentía en la boca el fuerte sabor de la inyección de vitamina B. Cuando prendí el motor, el dolor en la cabeza comenzó a disminuir. Al salir del estacionamiento sentí algún alivio del nudo de ansiedad que tenía en el estómago. A los diez minutos de estar viajando por la autopista empecé a sentirme como una nueva persona. Cuando llegué a casa experimenté una extraña y asombrosa sensación de esperanza.

Lo que la Biblia dice acerca de cuidar tu cuerpo

Hermanos, os ruego por las misericordias de Dios,
que presentéis vuestros cuerpos en sacrificio vivo,
santo, agradable a Dios, que es
vuestro culto racional.

Romanos 12.1

Si coméis o bebéis, o hacéis otra cosa,
hacedlo todo para la gloria de Dios.

1 Corintios 10.31

Tus oídos oirán a tus espaldas palabra que diga:
Este es el camino, andad por él; y no echéis
a la mano derecha, ni tampoco torzáis
a la mano izquierda.

Isaías 30.21

El corazón apacible es vida de la carne.

Proverbios 14.30

¿No sabéis que sois templo de Dios, y que
el Espíritu de Dios mora en vosotros?

1 Corintios 3.16

Seguí el consejo del médico y a los pocos días retomé una rutina de alimentación y ejercicios adecuados. Cuando fui por primera vez a Hollywood para trabajar en la televisión como cantante y bailarina asistía regularmente a clases de danza y descubrí los beneficios del ejercicio físico. El énfasis en la juventud y la apariencia en esa ciudad también me llevó a consumir alimentos naturales. Pero todos mis buenos esfuerzos no lograron mantener baja mi creciente carga de estrés emocional. Había dejado todo porque estaba agotada por la depresión. Sin embargo, cuando me pusieron las inyecciones de vitamina B, me sentí como una nueva persona. Pasé de la desesperanza a la esperanza en veinte minutos. Obviamente, el efecto pasó, y tuve que regresar por otra inyección unos días después; sin embargo aprendí que la salud física y la emocional están definitivamente conectadas.

No podemos tener buena salud física sin cierta cantidad de salud emocional. De igual manera, no tenemos salud emocional sin cierta cantidad de salud física. Es más, podemos sufrir de depresión o de alguna otra emoción negativa debido sencillamente al agotamiento o desequilibrio físico. Si me siento desanimada, deprimida, abrumada o temerosa, primero veo si he tenido adecuada preocupación por mi salud física. Ha habido ocasiones, incluso en años recientes, en que he tenido la sensación de no poder hacer frente a mi vida y lo único que he necesitado es una noche de buen sueño, comer lo adecuado y volver a mi rutina de ejercicios para que cambie todo a mi alrededor.

Una mejor salud física a la manera de Dios

Nadie se escapa si desatiende la salud. Podemos tener éxito temporal pero todos finalmente debemos pagar el precio de nuestro descuido. Conozco un médico que fue un siquiatra practicante por algunos años antes de convertirse en un especialista en nutrición. Aseguró haberse dado cuenta a principios de su práctica que las mentes y las emociones de las personas se afectaban en gran manera por la condición de sus cuerpos. Sintió que podía ayudar más a las emociones de la gente tratando el lado físico de las cosas. Muchos médicos sienten que la mayoría de las enfermedades son ocasionadas por el estrés mental y emocional. Algunos, como este médico que menciono, creen que los problemas emocionales se pueden controlar mediante la buena salud. En vez de sacudir el cerebro intentando decidir qué llegó primero en tu propio caso, simplemente conoce que Dios hizo el cuerpo tanto como el alma y el espíritu. Él espera que cuidemos de los tres. Además de los pasos que estás dando hacia la plena restauración emocional debes dirigirte hacia la plena realización física.

Antes que nada debes hacerte revisiones periódicas para asegurarte que estás en buena condición. Si tienes problemas físicos específicos, no los desatiendas. Búscales atención médica. Luego, haz un inventario de la manera en que has estado tratando tu cuerpo. Esto no es para hacerte sentir culpable, porque comprendo cuán abrumador puede parecer el cuidado del cuerpo, especialmente cuando está asociado íntimamente con tus emociones. Sin embargo, puedes dar ciertos pasos básicos que te darán beneficios inmediatos.

Después de recibir al Señor, estudié la Biblia en lo relacionado con la salud y descubrí que hay más para la buena salud que solo el ejercicio y la dieta. Es más, para lograr una buena salud constante es necesario que estén en equilibrio siete importantes factores. Si omito hablarte de uno de ellos, me arriesgo a dejar fuera un factor esencial. A continuación hay un breve resumen de las siete diferentes áreas que presenté en mi libro *Greater Health God's Way* [Mejor salud a la manera de Dios]. Puesto que cuidar tu cuerpo físico es un paso muy importante de obediencia, pide a Dios que te muestre cualquier área que hayas descuidado.

1. *Pídele a Dios que te enseñe acerca del estrés en tu vida.* El estrés es la respuesta de tu mente, tus emociones y tu cuerpo a cualquier demanda que se haga sobre ti. El dolor emocional y las emociones negativas son una fuente importante de estrés *constante*, y un gran trauma emocional puede desequilibrar tu cuerpo físico.

Si estás experimentando rechazo, sufrimiento, falta de perdón, amargura, enojo, soledad o temor, entonces tu cuerpo está portando una carga para la cual no fue diseñado. Cada una de estas emociones es como un enorme sifón que te consume la vida.

Lo que determina el efecto del estrés en tu cuerpo no es en sí lo que te sucede sino cómo reaccionas. Una vez que identificas tu estrés puedes hacer una de dos cosas: hacer algo para cambiar la situación, o aprender a vivir con ella, mientras te mortificas física, mental y espiritualmente por sobrevivir.

A veces el estrés está tan oculto que no nos damos cuenta cómo nos afecta. En ocasiones nos consume. Lo importante es recordar que la reacción final al estrés es la muerte. De ahí que debamos reconocerlo en nuestras vidas *antes* de que se agrave y sea necesario dar pasos específicos para aliviarlo.

2. *Pídele a Dios que te muestre la verdad sobre los alimentos que consumes.* ¿Estás comiendo demasiados alimentos impuros o procesados, escasos en vitaminas y minerales esenciales? Si es así se pueden acumular desperdicios tóxicos en tu cuerpo, ocasionando un estrés físico que interfiere con las funciones del cuerpo. Cuando no alimentas adecuadamente tu cuerpo, te agotas físicamente, tu mente no puede procesar la información con exactitud y cada decisión es agotadora. ¿Comprendes que ahora mismo podrías tener una crisis, y aun sentir que todo termina, debido a la manera en que alimentas

tu cuerpo? Todos experimentamos momentos en que un simple incidente puede llenarnos de tensión, mientras que si el mismo incidente ocurre en una época distinta tal vez no nos afecte en absoluto. Lo que comemos puede determinar cómo reaccionamos ante las situaciones de nuestras vidas.

Si sufres de alguna clase de desorden alimentario, busca ayuda inmediatamente. Tu metabolismo cambiante y tus hormonas fuera de control empañarán cualquier progreso que hagas hacia la restauración emocional. Si tu desorden alimentario es un secreto (y casi todos los desórdenes lo son en algún momento), junto con él estás cargando culpabilidad. Hacer de la comida un ritual, una religión o el centro de tu vida hace que se convierta en tu enemiga. Esto nunca pretendió ser así y no tienes que vivir con tal clase de miseria.

Intenta alejarte de todo alimento chatarra (azúcar refinada, harina blanca, bebidas gaseosas hechas con químicos, alimentos fritos, y alimentos altamente procesados con preservativos y químicos). Haz un esfuerzo por reemplazarlos con alimentos tan naturales como sea posible. Las frutas frescas, las verduras, los granos integrales, los frutos secos y las semillas contienen un buen equilibrio de vitaminas, minerales y enzimas digestivas. Corregir la alimentación debe convertirse en una manera de vida y no en un último recurso frente a la enfermedad o al exceso de peso.

3. *Pídele a Dios que te enseñe acerca del ejercicio.* El propósito principal del ejercicio es mantener el cuerpo sano, capacitándolo para desempeñar cuatro funciones importantes: eliminar toxinas, incrementar la circulación, fortalecer los músculos y eliminar el estrés.

Todo el mundo debería hacer regularmente alguna clase de ejercicio físico. Pregúntale a Dios específicamente lo que deberías hacer. Esto no tiene que ser para ti una presión agregada. Debe ser un alivio. Tampoco debe ser algo extravagante. No tienes que pagar centenares de dólares por el perfecto equipo de ejercicio, la membresía al gimnasio, la capacitación o la videograbadora. Esas cosas son agradables pero no te sientas mal si no las tienes. El más grandioso ejercicio que puedes hacer para tu cuerpo, mente y emociones es caminar. Sal a caminar todos los días en un área segura, aunque solo sea de diez a quince minutos y verás cómo esto afecta positivamente tus emociones.

Con el ejercicio pueden salir algunas frustraciones que acumula la tensión corporal. Con el ejercicio adecuado se eliminan los desperdicios tóxicos que se depositan en tu sistema y bajan tu bienestar emocional. Una clase de aeróbicos, veinte minutos en la banda de andar, un buen video cristiano de ejercicio o una caminata diaria al aire fresco del exterior pueden cambiar tu vida.

4. *Pídele a Dios que te hable acerca de beber agua.* El agua juega un papel importante en todo proceso sencillo de nuestros cuerpos, como digestión, circulación, absorción y eliminación. Es un transportador principal de nutrientes a través del cuerpo y elimina las sustancias tóxicas que hay en este.

La sed no siempre indica de modo adecuado la necesidad corporal de agua, por tanto deberíamos asegurarnos de beber aproximadamente ocho vasos de agua, de ocho onzas, cada día. Usa un sistema de filtro o compra agua embotellada de una empresa confiable. Es difícil purificar nuestro sistema corporal con agua que tiene más impurezas de las que tú tienes.

5. *Pídele a Dios que te hable de la oración y el ayuno.* Ayunar y orar son pasos espirituales importantes, que explicaré más adelante, y son también vitales para tu cuerpo como un proceso natural de autocuración y limpieza. Durante un ayuno, la energía utilizada para

digerir, asimilar y metabolizar se utiliza en la purificación del cuerpo.

6. *Pídele a Dios que te hable acerca de pasar tiempo todos los días al aire fresco y a la luz natural del sol.* El aire fresco y la luz natural dan cierta clase de sanidad y rejuvenecimiento a cada parte del cuerpo y de la mente. La luz natural es un sanador poderoso, un eliminador de gérmenes, un agente de recuperación y un relajador. Los científicos han descubierto que la luz tiene un efecto importante en el sistema inmunológico y en las emociones. Cualquier actividad o ejercicio que haces fuera incrementa tu inhalación de aire fresco, lo que también ayuda al cuerpo a eliminar impurezas.

Una de las actividades más fabulosas que puedes hacer al aire libre es la jardinería. Meter las manos en la tierra tiene un milagroso efecto calmante en todo tu ser. Arrancar malezas o plantar flores y vegetales es una gran terapia. También puedes hacer otras actividades fuera, como barrer el frente de la casa, echar agua al césped, rastrillar hojas o lavar ventanas. Todo lo que te haga salir de casa por unos minutos cada día es bueno para tu salud física y emocional.

Por supuesto, debes tener cuidado de no realizar esas actividades cuando hay demasiado calor o frío; además, debes tomar precauciones contra la exposición a los rayos ultravioleta, usando un buen bloqueador solar sobre la piel expuesta. Así se obtienen los beneficios de la luz natural sin los efectos perjudiciales.

7. *Pídele a Dios que te hable acerca de descansar lo suficiente.* Es necesario lograr un sueño natural profundo, sano y completamente refrescante, sin medicamentos. Durante el sueño los alimentos se transforman en tejidos, todo el sistema se limpia de toxinas, y el cuerpo se repara y se recupera. Eso solo sucede por completo durante el sueño, cuando el sistema nervioso se calma. Las pastillas para dormir, el alcohol o las drogas interfieren con esos procesos. Que tu

meta sea experimentar un sueño profundo y rejuvenecedor sin nada de eso.

Si todo está funcionando perfectamente en tu vida, el buen dormir llega de modo automático. Si no es así, por lo general significa que está alterada una o más de las otras seis áreas del cuidado de la salud. No tomes decisiones trascendentales si estás agotada. Un buen sueño nocturno puede hacerte cambiar de opinión... por completo.

Trata de no ver el cuidado de tu salud como una tarea abrumadora y compleja. La realidad es otra. Esta es la manera en que Dios quiere que vivamos y es un punto de obediencia. La Biblia dice:

¿Ignoráis que vuestro cuerpo es templo del Espíritu Santo, el cual está en vosotros, el cual tenéis de Dios, y que no sois vuestros? Porque habéis sido comprados por precio; glorificad, pues, a Dios en vuestro cuerpo y en vuestro espíritu, los cuales son de Dios. (1 Corintios 6.19-20)

Cuida bien el templo de Dios.

Vive en obediencia al cuidar lo que dices

Dios creó el mundo dándole vida por medio del habla. Puesto que somos hechos a su semejanza y su Espíritu mora en nosotros, también tenemos el poder de dar vida con la palabra. Cuando continuamente hablamos de modo negativo acerca de nosotros o de nuestras circunstancias, cortamos la posibilidad de que las cosas sean distintas de lo que hemos expresado.

Yo decía muchas cosas negativas como «soy un desastre», «soy fea», «nada me sale bien», «en realidad a nadie le importo», hasta que un día el Espíritu Santo habló a mi corazón por medio de Proverbios

18.21: «La muerte y la vida están en poder de la lengua». Un rápido inventario de las cosas que había dicho en voz alta y en mi mente reveló que había estado hablando muerte. Este pensamiento era aterrador.

Un claro ejemplo de mi pensamiento negativo tenía que ver con mis problemas de pronunciación. Los tuve desde la infancia y durante todos mis estudios enfrenté muchas burlas. Esto podría parecer insignificante pero tener algo malo en tu pronunciación es como tener un defecto en el rostro. Todos lo observan y se forman inmediatamente una opinión y reaccionan ante ti debido a él. Tan pronto como tuve edad de trabajar y poder conseguir ayuda profesional, acudí cada semana a una terapia de lenguaje. Practiqué día tras día, año tras año, para obtener lo que parecía ser solo una pequeña mejoría.

Varios años después de que Michael y yo nos casamos, me invitaban a hablar en diferentes iglesias. A pesar de mi arduo trabajo con la terapeuta, aun perdía mi voz en medio de todo compromiso debido a la tensión en la nuca. Me desanimé profundamente y me sentí fracasada.

—¡Nunca podré hablar de manera correcta! —gritaba una y otra vez, desesperada y frustrada.

Pero un día cuando dije estas palabras, el Señor habló a mi corazón

—*Estás trayendo muerte a tu situación porque no estás diciendo la verdad acerca de ella* ——me dijo.

—¿Qué quieres decir, Señor? ¿Se supone que debo negar lo que en realidad me está sucediendo? — le pregunté.

—*No hables lo que crees verdadero o lo que parece cierto* —habló a mi corazón—. *Más bien habla lo que sabes que es la verdad de mi Palabra.*

—¿Qué dice tu verdad acerca de mi impedimento de pronunciación? —cuestioné aun más—. Muéstrame Señor. Ayúdame a ver.

A los pocos días llamaron mi atención ciertas Escrituras. Primero leí Isaías 32.4: «La lengua de los tartamudos hablará rápida y claramente». Luego el pastor Jack leyó Isaías 51.16 durante su sermón dominical:

En tu boca he puesto mis palabras,
Y con la sombra de mi mano te cubrí.

Más tarde, cuando hablé de mi lucha en mi grupo de oración, una de las mujeres me leyó Isaías 50.4:

Jehová el Señor me dio lengua de sabios, para saber hablar palabras al cansado.

Pensé: *Está bien Señor, ya caí en cuenta. La verdad de tu Palabra es que puedo hablar con inteligencia, fluidez y claridad porque has puesto tus palabras en mi boca.*

Después de eso, cada vez que me sentía tentada a ceder al desánimo, pronunciaba para mí esas Escrituras y decía: «Gracias Señor por ayudarme a hablar lenta y claramente. Todo lo puedo en Cristo que me fortalece. Te alabo Señor porque me darás palabras para hablar y las ungirás para que tengan vida. Gracias por mi lengua instruida. Debido a ti *puedo* hablar».

Deliberadamente retiré otros negativismos de mi vocabulario. Ya no decía: «Soy un desastre» pues la Palabra de Dios dice lo contrario acerca de mí. Dejé de decir «no tengo esperanza» y comencé a reconocer al Señor como la esperanza de mi vida.

Poco después, cuando me invitaron a hablar en una inmensa reunión de mujeres, llevé todos mis temores en oración ante el Señor y no permití que mi boca dijera que iba a fallar. Hablé la verdad de Dios en vez de expresar mis opiniones negativas. Como resultado, mi charla salió tan bien que se abrió para mí todo un ministerio de predicación. Hasta el día de hoy digo esas Escrituras y alabo a Dios por ellas cada vez que hablo.

¡Mira quién habla!

A menudo hablamos lo que le oímos decir al diablo cuando habla a nuestras mentes, y pensamos que es verdad: «Eres una fracasada. Estarías mejor muerta». O nos repetimos lo que alguien nos dijo años atrás: «No vales nada. Nunca llegarás a ser alguien». La Biblia dice: «Te has enlazado con las palabras de tu boca» (Proverbios 6.2). Eso incluye nuestros mensajes silenciosos hacia nosotras mismas y lo que decimos en voz alta. No podemos recibir sanidad si continuamente expresamos esclavitud sobre nosotras e infectamos nuestras emociones. Debemos aprender a distinguir quién está hablando a nuestras mentes. ¿Es la voz de Dios, de nuestra carne o del diablo?

Cuando hables de ti, hazlo con palabras de esperanza, salud, ánimo, vida y propósito. Esas son verdades de Dios para ti. Elimina de tu vocabulario las expresiones de desesperanza, duda y negatividad. No hablo de cuando estás recibiendo consejería o derramando tu corazón ante Dios o una amiga. De todos modos, sé sincera acerca de tus sentimientos. Dar la impresión de que nada anda mal cuando sí hay algo mal es vivir una mentira.

Sin embargo, cuando hables de la manera en que te sientes, acompáñala con la verdad de Dios. En vez de decir: «La vida es un infierno», di: «Hoy me siento triste, pero sé que Dios tiene el control de mi vida y perfeccionará todo lo concerniente a mí» (lee Salmos

138.8). Si no puedes pensar nada positivo, di: «Señor, muéstrame tu verdad acerca de mi situación».

Haciéndote estas preguntas, revisa cómo has estado hablando últimamente:

- ¿Digo a veces algo negativo acerca de mí o de otros?

- ¿Pronuncio palabras que traen muerte en vez de vida a mis situaciones y relaciones?

- Mi primera reacción ante la gente o ante los acontecimientos ¿recibe la influencia del terror, la ira, la sospecha o la desesperanza, en vez de la tranquila seguridad de que Dios está en control?

Si respondiste sí a cualquiera de estas preguntas, entonces permite que eso sea una señal de que el Señor tiene que llenar más tu corazón. Ni siquiera te tomes tiempo para sentirte condenada. Sigue adelante con Dios y di: «Señor, perdóname por hablar de manera negativa. Ayúdame a hablar solamente palabras de verdad y vida. Dame una llenura fresca de tu Espíritu Santo y deja que este rebose por completo en mí».

No permitas que el vocabulario negativo impida lo que Dios quiere hacer en ti. Y no seas dura contigo. Trátate con respeto y amabilidad. Di lo que dijo David: «He resuelto que mi boca no haga transgresión» (Salmos 17.3).

Vive en obediencia al ayunar y orar

Mary Anne sugirió en nuestra primera sesión de consejería que ayunara durante tres días completos, bebiendo solo agua, y luego regresara a su oficina con la lista de pecados que mencioné antes. Hice lo que me pidió, bebiendo agua y orando cada vez que sentía hambre. Después del primer día los retorcijones no eran tan malos. Es más, fue mucho más fácil de lo que había anticipado. Cuando Mary Anne llamó para cancelar nuestra cita y reprogramarla para la semana siguiente, volví a ayunar otros tres días.

Pensé: *Nada me pasará. He estado deprimida por veinte años y esto de ningún modo va a ser diferente. Fui una tonta al esperar que fuera de otra manera.*

Durante la semana, cuando mi depresión aumentaba en intensidad y condición, el ayuno me fue difícil y quise darme por vencida, pero de todos modos obedecí. El día de mi cita de consejería oré pidiendo un milagro, pero en realidad temía esperar uno. Sin embargo, todo fue distinto desde el momento en que entré a la oficina de consejería. Mi mente se clarificó, pero más que nada sentí la presencia y el poder del Señor más profundamente que nunca antes.

La mañana siguiente desperté sin depresión; día tras día esperaba que regresara, pero no fue así. Es más, aunque a veces me deprimía, nunca fue con esa intensidad ni la depresión me volvió a controlar de nuevo. Creo que el ayuno me ayudó a liberarme con mayor velocidad y profundidad.

¿Quién, yo? ¿Por qué debo ayunar?

Dios diseñó el ayuno para llevarnos a un conocimiento más profundo de Él, para liberar la obra del Espíritu Santo en nuestras vidas y para darnos mayor salud y realización. El ayuno bendice cada área de nuestra vida mental, física, espiritual y emocional. Rompe fortalezas que ni siquiera estamos conscientes que el enemigo ha levantado contra nosotros. Además, la Biblia dice que ciertos espíritus solo se pueden expulsar mediante el ayuno. Cuando los discípulos de Jesús le preguntaron por qué un espíritu maligno no se sometía a ellos,

Él replicó: «Este género con nada puede salir, sino con oración y ayuno» (Marcos 9.29).

Ayunar es como conseguir una unción sagrada para que el diablo no te pueda tomar. Está diseñado para

Desatar las ligaduras de impiedad,
Soltar las cargas de opresión,
Dejar libres a los quebrantados,
Y romper todo yugo (lee Isaías 58.6).

Aunque el ayuno no lograra más que eso, cualquiera que busque plenitud emocional seguramente querrá dar este paso de obediencia.

¿Quién no anhela librarse de todo poder del diablo? ¿Quién no necesita que el poder de Dios penetre su vida y sus circunstancias? ¿Quién no desea liberarse de por lo menos una emoción negativa? Todos. Por tanto, ¿qué nos lo impide? *La ignorancia y el temor.* Ignoramos lo que dice la Biblia sobre el tema, ignoramos lo que el ayuno puede lograr, e ignoramos todos sus maravillosos beneficios. También tememos morir en la noche si nos acostamos sin comer. O al menos le tememos el hambre, el dolor de cabeza, las náuseas, la debilidad y los mareos que suelen acompañar a los ayunos poco frecuentes. Sin embargo, hay muy buenas razones para soportar estas incomodidades; en este capítulo enumero algunas de ellas.

En el Antiguo y en el Nuevo Testamentos hay más de ochenta referencias al ayuno. Jesús mismo ayunó. Si el ayuno fuera peligroso o de temer, ¿por qué se mencionaría en toda la Biblia? ¿Por qué lo habrían practicado los personajes más grandiosos de la historia bíblica y por qué Jesús habría ayunado por cuarenta días?

El ayuno es un ejercicio y una disciplina espiritual en la que te entregas por completo a la oración y a la comunicación íntima con

Lo que la Biblia dice acerca de vigilar lo que dices

El que guarda su boca guarda su alma; mas el que
mucho abre sus labios tendrá calamidad.

Proverbios 13.3

Yo os digo que de toda palabra ociosa que hablen
los hombres, de ella darán cuenta en el día del juicio.

Mateo 12.36

Hay hombres cuyas palabras son como golpes
de espada; mas la lengua de los sabios es medicina.

Proverbios 12.18

Manzana de oro con figuras de plata es
la palabra dicha como conviene.

Proverbios 25.11

Sean gratos los dichos de mi boca y la meditación
de mi corazón delante de ti, oh Jehová,
roca mía, y redentor mío.

Salmos 19.14

Los labios del justo saben hablar lo que agrada; mas
la boca de los impíos habla perversidades.

Proverbios 10.32

Dios. La disciplina siempre tiene sus recompensas. Una disciplina física, como hacer ejercicio, tiene recompensas físicas. Una disciplina espiritual, como ayunar, tiene recompensas espirituales. (El ayuno también tiene beneficios físicos, pero para el propósito de este libro solo resaltaré lo espiritual.)

Tú no ayunas para hacer que Dios te ame. Él ya te ama y te amará igual ayunes o no. Tampoco es un tiempo para conseguir lo que quieres de Dios. Es un tiempo para acercarse a Él, para sensibilizar tu alma con su Espíritu y para verlo obrando poderosamente a tu favor.

¿Por qué debo ayunar?

Una vez te convenzas de lo apropiado que es el ayuno, debes dar el primer paso. Comienza simplemente saltándote una comida, bebiendo agua, y orando en ese tiempo. Di: «Señor, ayuno esta comida para tu gloria y para derribar las fortalezas en mi vida». Luego levanta en oración todas las áreas en que sabes que necesitas libertad. Di, por ejemplo: «Señor, ayuno este día porque se rompan las fortalezas que el diablo ha erigido en mi mente en la forma de depresión, confusión, falta de perdón o enojo».

La próxima vez que ayunes, intenta saltarte *dos* comidas, bebiendo agua y orando en cada una. Ve si puedes llegar a tener un ayuno con agua de veinticuatro a treinta y seis horas una vez por semana. Yo ayuno aproximadamente cuarenta días al año, pero lo hago un día a la semana por cuarenta semanas. En realidad busco que este sea un tiempo para oír a Dios con más claridad. Ayunar es simplemente como cualquier otra disciplina en que se hace más fácil cuando se hace con regularidad. Además, mientras mejor trates tu cuerpo entre ayunos, más agradable será ayunar.

Cuando puedas hacer sin problemas un ayuno de treinta y seis horas, y estés dispuesta a hacer uno de tres días varias veces al año, entonces hazlo. Si tienes limitaciones físicas y no puedes ayunar con agua, entonces hazlo con verduras o frutas por un día. La mayoría de personas puede hacer eso.

Si tienes dudas acerca del ayuno, lee un buen libro cristiano sobre el tema. Mi libro, *Greater Health God's Way* [Mejor salud a la manera de Dios], tiene un capítulo sobre el ayuno que te ayudará a ingresar a esa disciplina.

El ayuno que Dios prefiere

Dios describe en Isaías 58 los beneficios del ayuno. Él dice que el propósito de ayunar es «desatar las ligaduras de impiedad, soltar las cargas de opresión, dejar ir libres a los quebrantados, y romper todo yugo». Se habla tanto del tema en ese capítulo que recomiendo leerlo todo cada vez que ayunes, para recordarte por qué lo estás haciendo (para ser libre), qué has de hacer (entregarte a ti misma), y cuáles son tus recompensas (sanidad, respuesta a las oraciones, liberación, protección).

Asegúrate de acompañar tu ayuno con oración. Ayunar sin orar es simplemente pasar hambre. Este es un tiempo para estar cerca del Señor y permitirle que te guíe a donde necesitas ir. A veces tendrás la dirección clara del Espíritu Santo en cuanto a por qué estás ayunando; otras veces no. Ya sea que lo hagas o no, es bueno tener en mente una oración.

Dios llama a todos los que puedan ayunar y orar, no solo a pastores, no solo a ancianos, no solo a escritores o maestros, no solo a hombres y mujeres de más de cincuenta años, sino a todos los adultos que reconocen a Jesús como el Hijo de Dios. Pregúntale a Dios qué *te* está diciendo acerca de ayunar, porque sin duda te *está* diciendo algo. Recuerda que «es verdad que ninguna disciplina al presente

Veinte razones para ayunar

1. Purificar y limpiar el espíritu, alma y cuerpo
2. Recibir guía y revelación divinas
3. Buscar el rostro de Dios y tener un caminar íntimo con Él
4. Oír mejor de Dios y comprender más plenamente su voluntad
5. Invitar al poder de Dios a fluir poderosamente en ti
6. Establecer una posición de fortaleza y dominio espiritual
7. Romper cualquier esclavitud en tu vida
8. Recibir claridad mental
9. Liberarte de pensamientos malignos o extenuantes
10. Acabar completamente con la depresión
11. Debilitar el poder del diablo en tu vida
12. Estabilizarte cuando la vida parezca salirse de control
13. Recibir fortaleza para tu cuerpo y tu mente
14. Romper cualquier tipo de apetito carnal
15. Descubrir los dones que Dios ha puesto en ti
16. Liberarte de las cargas pesadas
17. Establecer en tu interior un corazón limpio y un espíritu justo
18. Liberarte de las emociones negativas
19. Encontrar sanidad
20. Recibir fortaleza para lo que no puedas hacer sin la ayuda de Dios

parece ser causa de gozo, sino de tristeza; pero después da fruto apacible de justicia a los que en ella han sido ejercitados» (Hebreos 12.11).

Puesto que el ayuno es un instrumento para derrotar al enemigo, es una clave para la liberación y la realización emocional. No lo descuides. Aun después de que encuentres libertad, Satanás estará buscando maneras de volverte a esclavizar. Decide zafarte de sus manos caminando continuamente en este paso de obediencia.

Oración

~~~

Señor, muéstrame cualquier área en mi vida en que no esté viviendo en obediencia a tus caminos. Ayúdame a llevar todo pensamiento y acción bajo tu control. Capacítame para oír tus instrucciones para mi corazón de tal manera que pueda hacer tu voluntad. Dirígeme en tus sendas de justicia, restauración completa y paz.

Lo que la Biblia dice acerca de la obediencia

Mucha paz tienen los que aman tu ley, y no hay para ellos tropiezo.

Salmos 119.165

Si quisiereis y oyereis, comeréis el bien de la tierra.

Isaías 1.19

Sed hacedores de la palabra, y no tan solamente oidores, engañándoos a vosotros mismos.

Santiago 1.22

Al que sabe hacer lo bueno, y no lo hace, le es pecado.

Santiago 4.17

El que dice: Yo le conozco, y no guarda sus mandamientos, el tal es mentiroso, y la verdad no está en Él.

1 Juan 2.4

3

Paso Tres: Encuentra Liberación

Cuando Mary Anne me dijo aquel día en la oficina de consejería: «Necesitas liberación», las palabras resonaron en mi cabeza e inmediatamente trajeron a mi mente demonios de ojos rojos, vómito verde y torbellinos. Me pregunté: *¿Estoy poseída?*

Mary Anne me aseguró que la liberación no es nada de qué asustarse sino un proceso de llegar a ser todo lo que Dios quiere que seamos.

—La liberación rompe todas las ataduras y esclavitudes de tu vida para que pueda aparecer tu verdadero *yo* — me explicó ella—. *Estoy hablando de opresión y no de posesión.* Existen espíritus que se te pegan. Pueden entrar en la vida de cualquiera a través de la obra del diablo, a quien se le ha permitido tener influencia y acceso por medio de nuestro pecado.

—¿Me convertiré en una persona diferente? —pregunté.

—La liberación no te *cambia* y te convierte en una persona diferente —explicó ella—. Te *libera* para que seas quien realmente eres.

Me pregunté: *Si necesito liberación de la esclavitud demoníaca, ¿soy realmente salva?* Entonces el pastor Jack respondió esa inquietud cuando habló a la iglesia el miércoles siguiente. «No puedes conseguir más salvación o perdón del que tienes cuando llegas ante el pacto de sangre de la cruz de Jesús. La liberación tiene que ver con poseer todas las dimensiones de lo que Cristo tiene para nosotros. No tiene nada que ver con estar poseídos por demonios o estar destinados al infierno, sino con la extracción de fragmentos del infierno en tu pasado. A menudo los residuos del pasado nos manipulan. La liberación nos libera de eso».

¡Cuánto ansiaba ser libre de cualquier cosa que me impidiera convertirme en todo aquello para lo que Dios me creó! Aumentó mi anhelo por lo que iba a suceder y disminuyó la intimidación por el misterio que antes había envuelto a la palabra *liberación*. La deseaba más de lo que le temía. Si Jesús no me podía liberar del dolor emocional que vivía a diario, entonces la muerte era mi único camino para liberarme del sufrimiento.

Por fortuna, también *fui* liberada de la depresión, el miedo, el tormento, la falta de perdón, la amargura, así como también de una vida con otras esclavitudes. Sé de primera mano que Jesús es el Liberador y que la liberación es verdadera y está disponible para todo el que la busca.

Nada qué temer

No dejes que la palabra *liberación* te atemorice o te desanime. No es algo que dé miedo o sea extraño. *Liberación es el rompimiento de cualquier cosa que te sujete, que no sea Dios.* Podría ser un espíritu de miedo, enojo, mentira, depresión o lujuria. Podría ser un comportamiento que adquiriste como defensa personal, como comer de modo compulsivo o un alejamiento habitual de las demás personas. Nacer de nuevo nos libera de la muerte pero también debemos liberarnos de lugares muertos en nuestras vidas.

Frecuentemente las personas temen hablar de la liberación porque piensan que es algo extraño, pero en realidad fue un ministerio primordial de Jesús. Predicar, enseñar, sanar a los enfermos y echar fuera demonios fueron fundamentales en la vida de Jesús en la tierra. La Biblia dice muchas veces que Jesús es el Liberador.

Jesús dijo: «Si puedes creer, al que cree todo le es posible» (Marcos 9.23). Esto es verdad para cualquier aspecto de tu vida; sin embargo, Jesús lo dijo refiriéndose a la liberación de espíritus malignos. También dijo: «En mi nombre echarán fuera demonios» (Marcos 16.17). Jesús nos da el poder y la autoridad de expulsar todo lo que no sea de Dios. Lo hacemos en su nombre. Él también expresó que no dejemos que el mal more en nosotros sino que mantengamos enfocadas nuestras mentes en el Señor y en su poder liberador.

El pastor Jack Hayford dice: «Jesús trata igual de fácil tanto con las áreas atormentadas de nuestras vidas como con los problemas del cuerpo. Esa fue una parte regular de su ministerio. Cuando las personas necesitaban sanidad física, Él las sanaba. Cuando estaban atadas y atormentadas, las liberaba. Si los demonios no fueran reales, Jesús nos lo hubiera dicho».

Las personas temen a los demonios o a lo que creen que les pasaría si son liberadas. Pero no debemos tener miedo. Por terribles que sean los demonios, su poder no se acerca al de Dios. La presencia de Jesús morando en nosotros ni siquiera se puede debilitar, por tanto no tengamos miedo de perder el control. En realidad, cuando estamos esclavizados ya hemos perdido el control ante Satanás. La liberación nos asegura que Dios nos controla.

A menudo las personas no buscan liberarse porque ignoran qué se logra con la liberación. Temen que esta las pueda cambiar tan dramáticamente que queden irreconocibles y se desvanezcan para siempre. En realidad, lo opuesto es la verdad. Te sentirás más tú misma de lo que nunca te has sentido.

Las personas tampoco buscan liberación porque se les ha hecho creer que tienen la culpa de su atadura. Al no darse cuenta que el verdadero culpable es el diablo, piensan que no son elegibles para la liberación o que no merecen ser libres. Esto tampoco es cierto.

Lo que realmente es la liberación

Toda atadura llega por la desobediencia. Detrás de todo pecado hay un espíritu maligno. Cuando pecas le das un asidero en tu vida a ese espíritu. Podemos caer en sus garras por nuestra propia ignorancia («No sabía que eso era malo»), por rebeldía («Lo haré aunque sea malo»), irresponsabilidad («Sé que tal vez no debería hacer esto, pero solo esta vez no causará daño»), al ser víctimas de los pecados de otros («Lo que él me hizo fue emocionalmente dañino y por eso ahora hago lo que hago»), o por heredar la tendencia de uno de nuestros padres («No sé por qué lo hago... debo ser como mi padre»).

Por consiguiente, liberación es desalojar al diablo y negarse a que él nos dañe. Dios no nos obliga a liberarnos; nosotros debemos desearlo. Nuestro deseo debe ser dejar de lado todo el sufrimiento del pasado, los malos hábitos, las emociones negativas, el pecado y la autogratificación. Debemos querer ser libres. Dios está comprometido con quitar las cargas de nuestras vidas pero el primer paso depende de nosotros.

Aunque esto hace pensar a muchos en *El Exorcista,* la mayoría de las veces la liberación no es así. Muchas veces es una remoción gradual, capa por capa, poco a poco. Dios te libera un paso a la vez a medida que se lo permitas. En un área como el miedo, puedes ser libre de inmediato. En otra área, tal como la ira, quizás ocurre un poco a la vez. También puede suceder de muchas maneras. A veces encontrarás liberación con solo estar en la presencia del Señor. Otras veces experimentarás liberación al estar con otros que te aconsejan y oran por ti. Siempre es a la manera *de Dios* y en *su* tiempo, no según nosotros.

¿Puede un cristiano estar poseído por demonios?

Si ya recibiste a Jesús como tu Salvador y estás llena de su Espíritu Santo, entonces absolutamente *no puedes* estar *poseída* por demonios. Cuando naciste de nuevo, tu espíritu fue cubierto por la sangre de Jesús. Satanás no puede tocar tu espíritu «porque mayor es el que está en ti que el que está en el mundo» (lee 1 Juan 4.4). *Jesús* está en ti. Los espíritus diabólicos *no* están en ti. Sin embargo, Satanás puede tocar tu alma, y tú *puedes* estar *oprimida* por demonios. El tormento es muy verdadero y deprimente, y Dios quiere liberar tu alma de él.

Tú eres cuerpo, alma y espíritu. Tu espíritu es la misma esencia de tu ser. Tu cuerpo es la capa externa. Entre los dos está el alma, que se compone de tu mente (lo que piensas), tus emociones (lo que sientes) y tu voluntad (lo que decides hacer). Satanás puede oprimir tu mente y tus emociones, influir en tu voluntad y atacar tu cuerpo, pero si has nacido de nuevo, no puede tocar tu espíritu.

La verdadera pregunta es: ¿Le has permitido a un espíritu maligno expresarse a través de ti por el pecado? ¿Existen lugares en tu vida donde domina otro poder diferente al de Dios?

Aun cuando estés llena del Espíritu Santo y los demonios no puedan poseerte, todavía eres responsable de tu vida. Los espíritus solo pueden poseer lo que se les entrega. Dios no invalida el libre albedrío humano. *Además, no tienes que escoger la voluntad del infierno para que esto suceda; sucederá si no escoges activamente la voluntad de Dios.*

Por medio de la confesión se nos perdona inmediatamente de

nuestros pecados, pero aun debemos sacar la esclavitud que llega con ellos. La mejor manera de hacerlo es no dar lugar al diablo. Di cada mañana: «Señor, vuelve a llenarme hoy con tu Espíritu Santo y remueve todo lo que no sea de ti».

Nacer de nuevo no le quita a una persona la posibilidad de recibir ataques satánicos. Y si nuestra defensa es débil o no hemos tratado con los residuos del pasado, Satanás puede establecer puntos de manipulación. En la liberación Dios nos libera de cualquier manipulación que nos obstruye, ciega, atormenta o entorpece.

Cómo los demonios pueden oprimir a una persona

Un individuo puede estar bajo la opresión demoníaca:

1. *Cuando ha habido desobediencia directa a las leyes de Dios.* Debemos vivir a la manera de Dios. No podemos crear nuestras propias reglas. Cuando chapoteamos en cualquier desobediencia, el diablo tiene un asidero. Mentir, por ejemplo, empieza con una mentirilla. Si no hay arrepentimiento sucederá una y otra vez hasta que finalmente no se pueda detener, aun cuando la persona anhele parar, porque un espíritu de mentira ha obtenido el control. Se produce una atadura cuando uno cede a una mala acción hasta que se convierte en un hábito que no se puede romper.

2. *Cuando existen emociones negativas por mucho tiempo.* Si tienes emociones negativas como falta de perdón, culpa, temor, ira, cólera, amargura, codicia, autocompasión, odio, celos o cualquier otra actitud equivocada que no hayas confesado y abrigues con frecuencia en tu mente, esto te creará esclavitud. Los espíritus detrás de esos pensamientos se adherirán a ti. Por ejemplo, permanecer amargada dará

lugar a un espíritu de amargura. Si permites que estas emociones negativas persistan, pueden ocasionar padecimientos y enfermedades. El cuerpo no está diseñado para cargar estas emociones y se comenzará a abatir bajo su peso.

3. *Durante épocas de participación en cualquier práctica ocultista.* La Biblia clarifica que no debemos participar en actividades ocultas, no importa cuán inofensivas puedan parecer.

4. *Durante períodos de tragedia o trauma.* La muerte traumática de un ser querido, como uno de tus padres cuando eras joven, o del cónyuge o de un hijo en tu edad adulta, pueden abrir el camino para que espíritus de temor, dolor, amargura, ansiedad o rechazo tengan puntos de control. Una cosa es estar afligida; otra es estar dominada por un *espíritu* de dolor que no puedes quitarte de encima. Malos recuerdos del pasado pueden crear un punto de atadura en ti debido a las emociones negativas que ellos agitan.

5. *En momentos de gran desilusión.* Esto le puede suceder a cualquiera, pero más fácilmente a los niños. Por ejemplo, si el padre llega a casa borracho y destruye el juguete favorito del niño, o si abandona la familia, esto puede dejar en el alma del menor una marca de por vida, a menos que Dios libere a la persona.

6. *Al endurecer el corazón contra Dios.* Pudiste haberte criado en un hogar cristiano y haber seguido fielmente al Señor Jesús toda tu vida, pero el momento en que tu corazón se endurece a las cosas del Señor te expones personalmente a que Satanás tenga un asidero en ti. Por ejemplo, abres la puerta del orgullo si llegas a estar tan impre-

sionada con tus logros que ya no reconoces a Dios como tu fuente de poder. Y el orgullo abre el camino a la esclavitud.

7. *Al heredar una atadura espiritual.* Los sicólogos llaman a esto «la cadena multigeneracional de dependencia». La Biblia la denomina la visita de «la maldad de los padres sobre los hijos hasta la tercera y cuarta generación» (Éxodo 20.5). Puedes heredar esclavitud espiritual de tus padres, abuelos e incluso bisabuelos, así como heredas el color de los ojos o el tamaño de la nariz.

Por ejemplo, los médicos reconocen ahora que el alcoholismo puede ser una tendencia genética heredada. Y algunas personas pueden heredar una actitud familiar. Un ejemplo sería que ciertas familias desestiman la infidelidad marital al pensar: *Así es simplemente como son los hombres.* Otro ejemplo es alguien que de niño vio cómo su padre mostraba un temperamento violento y después, en su edad adulta, adopta este mismo enfoque para tratar con sus problemas.

Tal atadura se debe romper llevando el hacha espiritual de liberación a la raíz del árbol familiar y declarando tu nacimiento dentro de otra familia, en la que heredas las cualidades de tu Padre celestial. Esta cadena de esclavitud es como una herida de bala que no puede sanar porque el proyectil aun está alojado profundamente en el interior. La liberación saca los proyectiles para que pueda haber liberación.

¿La carne o el diablo?

Existe una diferencia entre atadura de la carne y la satánica. La carnal tiene que ver con mi deseos de servir a mi voluntad, mis apetitos, mi camino, mis anhelos. Eventualmente las ataduras desenfrenadas de la carne llevan a la esclavitud satánica. Ceder una y otra vez a la carne conduce a que el diablo entre a establecer una fortaleza. Somos nosotros quienes abrimos la puerta para el control del diablo en nuestras vidas. Para determinar si estás lidiando con esclavitud carnal o satánica, mira si estás cediendo a tu carne o si se está halando a tu carne contra tu voluntad.

Si me llama la atención la pornografía, estoy en esclavitud carnal. Podría ceder a la carne y ver pornografía una o dos veces, y aun estar en esclavitud carnal. Si no me arrepiento y cometo de nuevo la ofensa hasta estar atada a ella de modo incontrolable, entonces le estoy dando el control al diablo y la atadura es satánica.

No importa qué clase de atadura padezcas, pide a Dios que te muestre dónde necesitas liberación. Luego pide a Jesús, el Liberador, que te libere y te muestre lo que debes hacer. No debes preocuparte del demonio ni de la esclavitud; solo debes buscar al Liberador. Él se encargará del resto.

Cómo saber si necesitas liberación

Cuando estoy preocupada o deprimida hago un inventario de mi vida para ver si necesito liberación. Tú también puedes hacer esto. Revisa las declaraciones siguientes que reflejan tu vida hasta este momento:

- μ Tengo recuerdos de heridas y fracasos del pasado que nunca se van.
- μ No puedo perdonar a ciertas personas que me han herido, aun cuando lo he tratado una y otra vez.
- μ He participado de alguna manera en el ocultismo.
- μ Tengo adicción o dependencia de las drogas o el alcohol.

µ Como siempre que me siento infeliz o que tengo una necesidad espiritual.

µ Tengo problemas para controlar mi enojo.

µ Golpeo a mi cónyuge o mis hijos cuando estoy enojada con ellos.

µ He tenido una aventura amorosa o sexo fuera del matrimonio.

µ Con frecuencia digo mentiras.

µ Estoy haciendo todo lo que sé que debo hacer en el Señor, y aun sigo deprimida.

µ No puedo perdonar lo suficiente a mis padres para sentir amor y misericordia por ellos.

µ No puedo sentir la presencia de Dios en mi tiempo de oración o adoración.

µ Me siento vacía y distante de Dios aun cuando estoy leyendo la Biblia.

µ Creo que no estoy creciendo en mi caminar con Jesús, ni siento un fluir fresco de su Espíritu cuando lo pido.

µ Tengo problemas para mantener amistades.

µ No puedo tomar decisiones acerca de asuntos de poca importancia y hasta las tareas más insignificantes me parecen difíciles.

µ He confesado mis pecados, he perdonado a quienes me han herido y he hecho todo lo que sé que debo hacer; sin embargo, no experimento gran adelanto en algunos problemas.

Si pusiste una marca en alguna de estas declaraciones, pide a Dios liberación en esa área. Luego continúa leyendo para descubrir qué pasos dar a continuación.

Recuerda, la liberación no te cambia; permite que aflore tu verdadero yo. No te volverás súper espiritual, mística o misteriosa; en realidad serás más humana, más transparente y genuina. No puedes ver quién eres realmente cuando tu yo real está oculto por la atadura y distorsionado por la imperfección. Tampoco lo puede ver nadie más. Algunos dicen: «¿Y si no me gusta mi yo verdadero?» Créeme, te gustará el ser verdadero que Dios creó. Tu verdadero yo es maravilloso, ingenioso, considerado, puro, pacífico, atractivo, dinámico, positivo, realizado y pletórico de propósito. Garantizo que cuando Dios termine de juntar todas tus partes, te gustará lo que verás. Después de todo, vas a ver el reflejo del Padre.

Siete pasos básicos para la liberación

Sin importar cuándo, dónde o cómo ocurra la liberación, hay siete pasos que son básicos. Pasarlos por alto podría cortar el flujo de liberación en tu vida.

1. Confesar

El diablo tiene derecho sobre ti siempre que tengas algún pecado no confesado. El hecho que cometas el mismo pecado una y otra vez no es excusa para no confesarlo. Debes confesar tu vida completamente ante el Señor para no obstaculizar el proceso de liberación.

Si Dios te muestra la obra de un espíritu maligno en tu vida, arrepiéntete de cualquier cosa que hayas hecho que haya provocado que ese espíritu te controle. Di: «Señor, confieso que me he alineado con un espíritu de mentira al no ser sincera. Perdóname por mentir. Me arrepiento de eso y te pido que me ayudes a no hacerlo más».

2. Renunciar

No se te puede liberar de algo que no has desechado de tu vida. Confesar es hablar toda la verdad acerca del pecado. Renunciar es tomar una posición firme contra el pecado y privarle de su derecho de quedarse. Es posible renunciar sin confesar y muchas personas confiesan sin renunciar. Debes separarte de todo lo que no sea de Dios para que puedas estar alineado con todo lo que es de Él. No se te revelarán ciertas claves de liberación a menos que renuncies a todo lo que no sea de Dios.

El primer paso para renunciar al pecado es pedir a Dios lo que necesitas exactamente para ser libre. Si estás tratando con espíritus malignos, pídele que te muestre de cuáles se trata. Di: «Dios dame revelación. Muéstrame si un espíritu maligno está ocasionando mi temor». Luego pronuncia un pasaje de la Palabra de Dios que respalde tu autoridad para echar fuera ese espíritu. Escoge un pasaje que se aplique a tu vida. Por ejemplo, di: «No me ha dado Dios espíritu de cobardía, sino de poder, de amor y de dominio propio» (lee 2 Timoteo 1.7). Entonces echa fuera al espíritu. Habla directamente al espíritu maligno con confianza, valor y pleno conocimiento de que Jesús te ha dado autoridad para hacer eso en su nombre. Sé específica. Di: «Me dirijo a ti, espíritu de temor. Ya no te invitaré más. Renuncio a ti y te quito el derecho de estar en mí. Manifiesto que no tienes poder sobre mí. Te ato en el nombre de Jesucristo y con la autoridad que Él me ha dado. Te echo fuera de mi vida y te ordeno que te vayas».

Puesto que la Biblia dice: «El yugo se pudrirá a causa de la unción» (Isaías 10.27), es bueno hacer que un pastor, un anciano u otro cristiano firme te unja con aceite, te imponga manos, y ore por ti. Si estás sola y no puedes llamar absolutamente a nadie, entonces hazlo tú misma. Coloca tu mano en la cabeza y di: «Jesús, has santificado mis manos debido a que moras en mí y a que todo lo mío te pertenece». Pon ahora una gota de aceite en tu dedo y tócate la frente. Di: «Señor, me unjo con aceite y te pido que me liberes», y nombra el área específica en la que quieres liberación. Luego alaba al Señor que te da poder sobre el diablo. La liberación se sella con adoración. Cada vez que sientas que ese espíritu se te acerca sigilosamente otra vez, alaba al Dios que te liberó de él. Los espíritus malignos no pueden tolerar la alabanza a Dios.

3. Perdonar

La falta de perdón de cualquier tipo dificulta la liberación. Continuamente debemos estar perdonando. Pide a Dios que te ayude a recordar a alguien o a cualquier incidente, que necesite perdón, aunque no tenga directamente nada que ver con la liberación que buscas. Enfrenta de manera franca cualquier recuerdo que venga a tu mente, no importa cuán repulsivo o doloroso sea y llévalo ante el Señor para que puedas ser libre de él. Pide a Dios que te haga consciente de cualquier recuerdo reprimido que necesite perdón.

4. Hablar

Cuando hemos recibido liberación en alguna área, nuestra gozosa proclamación fortalece en nuestras mentes lo que Dios ha hecho en nuestras almas. La Biblia dice: «Díganlo los redimidos de Jehová, los que ha redimido del poder del enemigo» (Salmos 107.2). Esto evita que el enemigo intente robar lo que Dios ha hecho. Di: «Jesús me ha liberado de esto y me niego a volverle a dar lugar».

5. Orar

Tus oraciones son más eficaces cuando llenas tu mente con la Palabra de Dios. Dejar que ella penetre tu corazón aumentará tu conocimiento de la verdad que puede liberarte: «Conoceréis la verdad, y la verdad os hará libres» (Juan 8.32). La Biblia también dice: «Los justos son librados con la sabiduría» (Proverbios 11.9). Es más fácil descansar en las promesas de Dios cuando sabes cuáles son.

La liberación ocurre al orar a Dios desde lo profundo de tu ser. Esto puede ser con uno o más creyentes orando contigo, o tú sola clamando simplemente en la presencia del Señor. Salmos 34.17 dice: «Claman los justos, y Jehová oye, y los libra de todas sus angustias».

6. Alabar

La adoración invita a la presencia de Dios y allí se lleva a cabo la liberación. La Biblia nos cuenta cómo Pablo y Silas, estando en prisión, cantaban alabanzas a Dios y de repente las puertas de la cárcel se abrieron y sus cadenas cayeron (lee Hechos 16.26). Las cadenas también se nos pueden caer en el reino espiritual. Cuando alabamos al Señor se abren las puertas de la prisión de nuestras vidas, se rompen nuestras ataduras, y quedamos libres. Alabar a Dios nos hace receptivas a la fresca llenura del amor de Dios y eso siempre nos libera y nos vivifica.

7. Caminar

Si has recibido liberación tienes que caminar como corresponde. No aceptes caer en el mismo error. La liberación significa cortar malos hábitos y establecer nuevos, de modo que pon en tu mente que no serás tentada otra vez en tu manera de pensar y actuar.

El diablo siempre intentará destruir la obra que Dios ha hecho en ti y destruir tu esperanza de que la vida sea distinta; por lo tanto, prepárate a rechazar ese ataque, caminando de modo deliberado y cuidadoso en el camino de Dios. Si has sido liberada de un espíritu de lujuria, no aceptes volver a sucumbir a él otra vez. Manténte lejos de cualquier cosa que te tiente. Di: «No seré tentada por ti, Satanás, porque he sido liberada por medio de Jesucristo el Liberador. Quizás me controlaste antes, pero ahora ese espíritu se ha separado de mi vida y tengo el poder de resistirlo. Alabo a Dios por su poder liberador».

Dios no renuncia a nosotros cuando fracasamos en seguir la senda liberadora que nos ha dado pero sufriremos porque nuestra restauración total se retrasa.

Muchas veces los libró;
Mas ellos se rebelaron contra su consejo,
Y fueron humillados por su maldad.
Con todo, Él miraba cuando estaban en angustia,
Y oía su clamor;
Y se acordaba de su pacto con ellos (Salmos 106.43-45).

Si constantemente damos lugar a Jesús en nosotros, si el poder del Espíritu Santo fluye *en* nosotros y la presencia de Dios está *con* nosotros, finalmente descubriremos que somos libres de las emociones y hábitos negativos que no nos dejan llegar a ser todo aquello para lo que Dios nos creó. Él quiere que extendamos nuestras manos y lo toquemos para poder tener contacto con su plena realización en cada parte de nuestro ser.

Oración

Señor, oro porque me liberes de cualquier cosa que me ate. Capacítame para reconocer toda obra del diablo en mi vida y fortaléceme para estar firme contra él. Gracias porque cuando siento que la muerte se apropia de mis circunstancias, tú oyes mi clamor por libertad y respondes. Líbrame de cualquier cosa que impida que llegue a ser todo lo que quieres para mí.

Lo que la Biblia dice acerca de la liberación

Me invocará, y yo le responderé; con él estaré yo en
la angustia; lo libraré y le glorificaré. lo saciaré de
larga vida, y le mostraré mi salvación.

Salmos 91.15-16

Muchas son las aflicciones del justo,
pero de todas ellas le librará Jehová.

Salmos 34.19

Desde la angustia invoqué a JAH, y me respondió
JAH, poniéndome en lugar espacioso.

Salmos 118.5

Delante de ellos cambiaré las tinieblas en luz,
y lo escabroso en llanura. Estas cosas les haré,
y no los desampararé.

Isaías 42.16

El que confía en su propio corazón es necio; mas
el que camina en sabiduría será librado.

Proverbios 28.26

4

PASO CUATRO:
BUSCA RESTAURACIÓN TOTAL

Me encontraba eufórica por el nacimiento de nuestro primer hijo y estaba decidida a ser una madre perfecta. Sin duda eso significaba ser exactamente lo contrario de mi madre.

Una noche, solo unos pocos meses después del nacimiento de Christopher, él lloraba y lloraba, y nada de lo que trataba lo hacía callar. Es más, mientras más lo intentaba, más lloraba... hasta que algo reaccionó en mí. Le di un golpe en la espalda y el hombro mientras el corazón me latía con fuerza, el rostro se me ruborizaba y difícilmente podía respirar. Sabía que si no me alejaba de él, lo iba a lastimar de mala manera.

Hice acopio de todo el control que pude reunir y tendí a mi bebé en su cuna. Entonces fui a mi cuarto y me postré ante el Señor. Mientras mi hijo lloró hasta que se durmió, yo clamaba a Dios.

Señor, ayúdame, sollocé mientras caía de rodillas y hundía el rostro en la colcha. *Hay un horrible monstruo dentro de mí. Tienes que sacarlo, Dios. No sé qué es; no lo comprendo. ¿Cómo puede una madre herir al hijo que ama? Por favor, Dios, cualquier cosa que esté mal conmigo, llévatela.* Estuve ante el Señor por casi una hora antes de recobrar la compostura. Michael llegó a casa, el bebé despertó, y a no ser

93

por mis intensos sentimientos de culpa, ningún daño parecía haberse hecho.

Me disponía a anotar esta experiencia como un momento de debilidad, cuando varios días después volvió a suceder. El bebé lloró tanto que sentí que el rechazo y la ira se me subían a la cabeza, del mismo modo que lo sentí días antes. De nuevo comencé a golpearlo, pero esta vez comprendí lo que estaba sucediendo, de modo que rápidamente lo puse en su cuna y salí del cuarto. Igual que antes, fui a mi cuarto, caí de rodillas y clamé ayuda al Señor.

Después de otros dos incidentes similares finalmente confesé, primero a mi esposo y después a Mary Anne, lo que me estaba ocurriendo. Ambos lo tomaron con calma, puesto que el bebé no había sufrido daño alguno. Hasta ese momento había tenido suficiente sanidad y liberación como para poder alejarme del bebé cuando perdía el control, de modo que ellos sintieron que el niño estaba seguro.

Mary Anne me dijo: «Stormie, esto no se solucionará esta vez por medio de liberación inmediata. Será un proceso gradual. Dios quiere enseñarte algo acerca de Él mismo».

En los meses siguientes comprendí que era una abusadora infantil en potencia. Esto se formó en mi infancia debido al violento maltrato de mi madre sobre mí. La única manera en que podía sobrellevar esta aterradora revelación era pasar mucho tiempo en la presencia del Señor. Su amor llegaba sobre mí como un bálsamo sanador cada vez que me postraba ante Él en total culpabilidad y fracaso. Él fielmente me liberó cada vez que le pedí liberación. Finalmente fui libre por completo de mi enojo y mis sentimientos de rechazo y aprendí cuán poderosa, misericordiosa, tierna y completa es la presencia del Señor. Al final llegué a comprender la profundidad del amor de Dios hacia mí.

Una vez que hemos sido libres de algo, tendemos a pensar que nunca volveremos a luchar con ese problema. Esto a veces es así, pero a menudo nuestra atadura en un área específica es tan profunda que debemos ser liberados por etapas. El paso cuatro es continuar buscando la restauración total en cada área de tu vida hasta que encuentres la plena restauración que deseas.

¿Nuevos niveles de liberación o la misma esclavitud antigua?

Hay ocasiones, después de haberte liberado de algo en específico, en que podría parecerte que el mismo problema estuviera regresando. Puedes sentirte más deprimida y emocionalmente herida que nunca antes, quizás peor, y temerás estar yendo hacia atrás. Pero si has estado caminando con el Señor y obedeciéndole con lo mejor de tu capacidad, entonces puedes confiar en que Dios te está queriendo llevar a un nivel más profundo de liberación. Este proceso se podría sentir igual de doloroso, o aun más, de lo que nunca fue; pero el nuevo nivel de libertad será mucho mayor de lo que alguna vez habías experimentado.

Si toda tu vida te hubieras sentado en un clóset oscuro y de repente se encendieran ante ti cientos de lámparas de alto voltaje, enceguecerías. Lo mismo ocurre con la liberación. Demasiada luz al mismo tiempo sería difícil de manejar. De ahí que a menudo la liberación se lleve a cabo por etapas para que corresponda con tu crecimiento en el Señor.

Nacer de nuevo no saca de ti la opresión espiritual, los ataques satánicos ni los conflictos emocionales. Y recibir liberación una vez no significa que nunca necesitarás otra. Es más, el diablo intentará volver a tener un punto de control en tu vida. Cuenta con eso.

Puesto que frecuentemente la liberación es continua y se hace por capas, la liberación total no ocurre de la noche a la mañana. Dios es el único que sabe qué capa se debe quitar primero y cuándo se debe hacer. Por ejemplo, quizás una persona no encuentre hoy día liberación total de un desorden alimentario, pero podría ser libre de una capa de falta de perdón hacia uno de sus padres. Dios siempre quiere que ahora mismo seas liberada de *algo*. Sin importar cómo lo hace Él o cuánto tiempo le lleva, debes confiar en que su tiempo es perfecto. Él sabe cuándo estás lista para el próximo paso. Tal vez esta no sea la manera en que quieras que sea pero siempre hay liberación disponible para *nosotras* cada vez que estemos disponibles a *ella*. Debemos mantener un espíritu de grata dependencia en Dios y estar dispuestas a decir como dijera David: «En ti confío, oh Jehová; digo: Tú eres mi Dios. En tu mano están mis tiempos; líbrame de la mano de mis enemigos y de mis perseguidores». (Salmos 31.14-15)

Cuando te encuentres frustrada, examina a ver si no estás retrasando el proceso por estar caminando en desobediencia. Algo ha de ocurrir si tienes claro este punto y buscas que Dios te dé una solución a tu problema. Esto debe suceder primero en el plano espiritual antes de manifestarse en el físico.

Dios a veces nos empuja suavemente a un momento de liberación aun cuando no sentimos estar listos. Nos gusta el modo en que las cosas están pasando y no queremos cambio alguno. Estamos cómodas donde estamos, con todo y amargura. Pero Dios dice: «No, te amo demasiado como para dejarte como estás. Sigamos adelante. Ahora vas a crecer y a hacer a un lado las niñerías. Te estoy llevando a un tiempo de liberación específica en esta área de tu vida». Cuando eso ocurre, oponer resistencia a la obra de Dios en tu vida solo prolongará la agonía. Tal vez puedas retrasar el proceso pero aumentará tu amargura.

Cada liberación que Dios obra en tu vida te dará más sanidad y libertad en el futuro. Una se levanta sobre la otra hasta que la libertad y la plena restauración se vuelven una manera de vivir. Ninguna de mis liberaciones ha sido igual, a no ser por el hecho de que Jesús el Liberador se ha encargado de cada una de ellas. Han sido similares en algún modo pero no exactamente iguales.

Mi primera liberación importante (de la depresión) llegó en una oficina de consejería después de tres días de ayuno y oración. Mi siguiente experiencia con gran liberación (del maltrato infantil) sucedió en un período en que busqué la presencia de Dios. Encontré liberación de un espíritu de temor cuando di simples pasos de obediencia. Fui liberada de la autosuficiencia mientras estaba sentada en la iglesia escuchando en la Palabra de Dios una enseñanza sobre la gracia. Experimenté liberación de una dureza de corazón mientras adoraba a Dios con otros creyentes en el templo. Recibí liberación de mis tormentos emocionales cuando clamé a Dios en mi clóset de oración, estando sola en medio de la noche. Capa tras capa se ha ido sin que haya dos ejemplos idénticos.

He aprendido incluso a no intentar anticiparme a Dios. Sus caminos están muy por encima de los nuestros, y Él es demasiado creativo para que nuestras mentes limitadas comprendan sus pensamientos y sus acciones. Aun cuando vislumbremos sus caminos en momentos en que pasamos en su presencia, no podemos predecir cómo logrará nuestra próxima liberación. De lo único que podemos estar seguras es que mientras lo deseemos, Él continuará obrando liberación en nosotras hasta que vayamos a estar con Él.

¿Es posible encontrar liberación sin un consejero?

Dios no sería tan injusto como para decir: «Existe liberación para ti, pero debes encontrar un buen consejero en liberación para que te libere». Antes que nada, no existen suficientes consejeros de liberación para todas las ataduras en el mundo; y aunque los hubiera, no todos podrían llegar a ellas. Dios ha provisto un modo de ser libres al buscar la presencia de Jesús, el Liberador. Sea que estés aislada en una isla, perdida en el bosque, o sentenciada a un confinamiento solitario, Jesús está allí si buscas su presencia y le clamas por liberación: «Donde está el Espíritu del Señor, allí hay libertad» (2 Corintios 3.17); y «La salvación es de Jehová» (Salmos 3.8). En estas dos sencillas promesas Dios te da motivos para saber que hay liberación para ti, ya sea que encuentres un consejero o no.

Encontrar liberación al estar en la presencia del Señor no significa buscar su presencia por cinco minutos y luego hacer tu voluntad. Significa permanecer en su presencia *todo* el tiempo. Significa decidirte a caminar en el espíritu y no en la carne.

Caminar en el espíritu significa decir con convicción: «No quiero lo que quiere el diablo; quiero lo que Dios quiere». Significa enfrentar el infierno en tu vida y saber que cada parte de *ti* no desea tener nada que ver con *él*, «porque los que son de la carne piensan en las cosas de la carne; pero los que son del Espíritu, en las cosas del Espíritu» (Romanos 8.5). Caminar en el Espíritu significa enfocarse en Jesús y decidir vivir a la manera de Dios. Cuando haces eso, son tuyas la liberación y la libertad continuas.

Consejeros para el pueblo de Dios

Cuando a pesar de toda la oración y la búsqueda del Señor no se logra liberación y nada pasa, es tiempo de buscar consejo. Un consejero con discernimiento y revelación de Dios puede identificar la fuente de tu problema y darte la verdad de Dios que te liberará: «Donde no hay dirección sabia, caerá el pueblo; mas en la multitud de consejeros hay seguridad» (Proverbios 11.14).

Este no es solamente un caso para consejería sino también para ver más que a un consejero en toda tu vida. Sin embargo, Dios quiere que busques *sus* consejeros porque quiere que sepas *su* consejo. Salmo 1.1 dice: «Bienaventurado el varón que no anduvo en consejo de malos». Tu consejero debe estar alineado con la Palabra y con la ley de Dios.

Solo un consejero que ha nacido de nuevo en el reino de Dios por medio de Jesús, y quien está aconsejado por el Espíritu Santo, puede ayudarte a encontrar restauración total. No estoy criticando a los siquiatras o los sicólogos incrédulos; agradezco a Dios por todo el bien que hacen. Pero sé que aun *ellos* llegan a frustrarse. Los hospitales mentales y las cárceles están llenas del testimonio de tal frustración.

El Espíritu Santo es el más grande siquiatra que puedas encontrar. Jesús dijo: «Rogaré al Padre, y os dará otro Consolador, para que esté con vosotros para siempre: el Espíritu de verdad» (Juan 14.16-17). Los problemas espirituales no disminuirán a menos que se enfrenten en el reino espiritual. Solamente consejeros que conocen *al* Consejero te pueden ayudar a hacerlo.

Incluso consejeros cristianos deben ser calificados y sumamente recomendados. He visto perjuicio, desánimo y derrota terrible como producto de malos consejeros. A chicas que de niñas fueron abusadas sexualmente por sus padres, sus consejeros les dijeron que fue culpa de ellas: «Fuiste violada porque quisiste serlo. Dejaste que tu padre lo hiciera porque lo disfrutaste. Debes ser responsable de tus acciones». Tal consejo, que en realidad hace a la niña responsable de las acciones paternas, es devastador.

También he oído de muchos incidentes en los que un consejero seduce a una mujer en consejería. Cuando un hombre interesado que se hace llamar consejero abusa la vulnerabilidad de una mujer emocionalmente perjudicada, las consecuencias son devastadoras. De ahí que esté pidiéndote que veas un consejero cristiano que esté sometido al cuerpo de la iglesia y siga estrictamente los principios bíblicos. No se te puede mostrar cómo caminar en las sendas de Dios y mantenerte firme en la libertad que Cristo te da si estás recibiendo consejo de alguien que no es capaz de hacer esas cosas por sí mismo.

Un buen consejero cristiano también tiene discernimiento. A menudo necesitamos a alguien con espíritu discernidor que reconozca la atadura que no podemos ver. No se necesita un don particular para poder señalar lo que está mal en alguien, pero sí se necesita un verdadero don para discernir la *raíz* del problema y saber cómo ponerle un interés personal. Es fácil decir a un alcohólico: «Debes dejar de beber», pero Dios revelará a la persona con espíritu de discernimiento que la raíz del problema es un espíritu de rechazo, enraizado en una infancia con maltrato. La bebida solo es el síntoma.

No mucho después de que Michael y yo nos casamos pedimos ayuda a consejeros matrimoniales (un equipo de esposo y esposa). Habíamos estado bregando con emociones negativas del pasado y nuestras habilidades para enfrentarnos hacían tambalear nuestra relación. Aunque no eran cristianos, algunos amigos los recomendaron altamente. Estos doctores nos aconsejaron finalmente que disolviéramos el matrimonio. Sabíamos que esta no era la voluntad de Dios para nosotros, por tanto fuimos a casa y pedimos en nuestra iglesia que nos recomendara un sicólogo cristiano especializado en consejería matrimonial.

Este consejero cristiano nos mostró que nuestro problema no era nuestra relación mutua sino nuestras ataduras individuales. Se necesitaba un consejero cristiano que le mostrara a Michael que su enojo provenía de profundos sentimientos de frustración y fracaso que había sufrido cuando era niño. Se necesitaba un consejero cristiano que me mostrara que mis sentimientos y rechazo cuando era niña me obligaban a interpretar la ira y la frustración de Michael como rechazo hacia mí. Quizás pudimos haber reconocido esto nosotros mismos, pero estoy segura que ocurrió mucho más rápido con la ayuda de consejeros cristianos calificados.

La renuencia a buscar consejería

La consejería no lleva el estigma que solía tener. Ya no es solo para enfermedades mentales, debilidades emocionales o personas «arruinadas». No es una admisión de fracaso o un reconocimiento de que eres inestable. Es para cualquiera que esté atrapado en la telaraña estresante y compleja de la interacción humana llamada vida y para quien quiera entrar a un nuevo nivel de realización. La mayoría de nosotros podemos usar un buen consejo en un momento u otro.

Algunas personas tienen heridas tan profundas que solo Dios sabe con seguridad cuáles son. Estas heridas ocultas crecen, y el dolor empeora, no mejora, a medida que envejecemos. Cuando tienes una cortadura, una curita ofrece una cubierta protectora, pero si una herida no se ha limpiado totalmente se puede enconar hasta que emerge la infección. Cuando estás herida emocionalmente necesitas más que una curita mental; necesitas que la luz de la Palabra de Dios penetre como rayos láser a esa área herida y la limpie para que pueda sanar. Un consejero cristiano puede ayudar a que esto ocurra.

Muchos tememos lo que otros puedan pensar de nosotros si descubren que estamos en consejería, pero la gente responde a la clase de persona que eres y al fruto de tu vida, no a cuántos consejeros has visto. Descansa en el conocimiento de que buscar buena consejería cristiana no es solo benéfica sino bíblicamente adecuado. Proverbios 19.20-21 nos dice:

Escucha el consejo, y recibe la corrección,
Para que seas sabio en tu vejez.
Muchos pensamientos hay en el corazón del hombre;
Mas el consejo de Jehová permanecerá.

Algunas personas no buscan consejería porque sienten que se necesitaría un milagro para cambiar las cosas y están seguras que hoy día Dios no hace milagros. Sin embargo, el Señor dice que Él no cambia. Él es el mismo ayer, hoy y por los siglos. ¿Por qué habría hecho milagros por miles de años y dejaría de hacerlos ahora? Sé por experiencia que Dios hace milagros y creo firmemente que hoy día puede obrar en tu vida.

Clama primero a Dios

Clama siempre a Dios *antes* de llamar a un consejero. Es más, antes de pedir una cita con cualquier consejero, intenta pasar una hora cada día durante una semana solo con Dios, y luego evalúa si aun necesitas al consejero. Te podría sorprender lo que logra la oración. Aunque no veas los resultados que necesitas, esto seguramente te preparará mejor para recibir lo que el Señor y un consejero tienen que decirte.

Además, siempre pesa lo que el consejero dice a la luz de la Palabra de Dios; si esta ratifica lo que el consejero dice, entonces sigue sus instrucciones. Si se te pide que asistas regularmente a la iglesia, que leas la Biblia una hora diaria y que dejes de ver a ese hombre casado, entonces hazlo.

Oír el consejo de Dios y negarse a seguirlo es una ofensa grave. La Biblia describe así a las personas que no escuchan el consejo de Dios:

Algunos moraban en tinieblas y sombra de muerte,
Aprisionados en aflicción y en hierros,
Por cuanto fueron rebeldes a las palabras de Jehová,
Y aborrecieron el consejo del Altísimo (Salmos 107.10-11).

Sin embargo, si tu consejero recomienda acciones que violan la Palabra de Dios, entonces estás con la persona equivocada. Déjala inmediatamente y busca la adecuada.

Si primero clamas a Dios como *el* Consejero y dejas que te guíe con *sus* consejeros, entonces la liberación en el *consejo divino* es segura.

En la película *Regreso al futuro,* un pequeño incidente afectó el futuro de todo el mundo. Así ocurre con la liberación. La liberación y la libertad que obtienes inmediatamente en el Señor afectarán toda tu vida, las vidas de tus hijos y las de sus hijos, ya sea que te des cuenta o no. La Biblia dice que toda liberación que experimentas, por pequeña que pueda parecer, tiene efectos trascendentales más allá de tu imaginación.

Algunas veces la liberación es indolora; simplemente recibes libertad. Otras veces, sin embargo, la encuentras solo por medio del profundo dolor de recordar y enfrentar el punto en tu pasado donde recibiste la atadura. El dolor es parte del crecimiento y la sanidad, por tanto que no te sorprenda, desanime o asuste. A menudo la liberación es emocionalmente dolorosa, y uno de los peores temores de las personas es que será más dolorosa de lo que pueden soportar. Sin embargo, Dios ha prometido no darte más de lo que puedes soportar. Con Él estás segura.

Podemos hacer todo lo que sabemos para ser libres, pero debemos recordar que es el Señor quien lo hará. Asegúrate simplemente de continuar buscándolo para restauración total. Y sobre todo, no te des por vencida.

Oración

Señor, sé que tienes un maravilloso plan para mi vida que incluye sanidad y restauración. Ayúdame a no conformarme con menos de lo que tienes para mí. Capacítame para no desanimarme si las cosas ocurren más lentamente de lo que quisiera. Si mis expectativas son más bajas que tu voluntad para mí, las rindo ante ti. Me comprometo a caminar contigo paso a paso para que pueda convertirme en aquello para lo que me creaste.

Lo que la Biblia dice acerca de la restauración total

Tuvimos en nosotros mismos sentencia de muerte,
para que no confiásemos en nosotros mismos,
sino en Dios que resucita a los muertos; el cual
nos libró, y nos libra, y en quien esperamos
que aún nos librará, de tan gran muerte.
2 Corintios 1.9-10

Por amor de Jerusalén no descansaré, hasta que
salga como resplandor su justicia.
Isaías 62.1

Susténtame conforme a tu palabra, y viviré;
y no quede yo avergonzado de mi esperanza.
Sosténme, y seré salvo.
Salmos 119.116-117

Desde la angustia invoqué a JAH, y me respondió
JAH, poniéndome en lugar espacioso.
Salmos 118.5

El Señor me librará de toda obra mala, y
me preservará para su reino celestial.
2 Timoteo 4.18

5

Paso Cinco:
Recibe los Regalos de Dios

Un día le di a mi hija Amanda, de seis años de edad, una cajita decorativa. En su interior puse una pequeña joya que ella había estado deseando por mucho tiempo.

Cuando Amanda desenvolvió el regalo y vio la caja gritó y observó cada detalle.

—Cielos, mami —exclamó—. ¡Es muy hermosa! Mira las flores de color rosado y las cintas pintadas, y mira lo pequeña que es la cerradura dorada. Esta es la caja más hermosa que he visto.

Mi hija se disponía a llevar la caja a su cuarto.

—Amanda —le dije—, ¡ábrela!

—Ah, ¡gracias mamá! ¡El collar de perlas que quería! —gritaba mientras salía corriendo para ponérselo.

Me quedé sentada pensando: *Ella habría sido feliz solo con la linda caja.* Entonces pensé en cómo nuestro Padre celestial nos da obsequios, y a menudo no los abrimos o no poseemos todo lo que Él tiene para nosotros porque no los vemos o no comprendemos que son para nosotros.

El acto de apertura

Imagina que alguien te da un regalo envuelto en papel brillante con un hermoso lazo encima. Dices: «Muchas gracias por el regalo. El papel es hermoso, el lazo es impresionante y lo apreciaré toda mi vida». Luego depositas el regalo en la mesa y no lo abres. Qué triste se pondría quien te hizo el regalo después de gastar tiempo, esfuerzo y recursos para dártelo.

Cuando Michael y yo nos casamos mi situación económica fue segura por primera vez. Aun cuando papá trabajó duro toda la vida, nunca hizo mucho dinero y siempre vivimos en la pobreza. Cuando se jubiló y se mudó con mi madre a una hacienda en el centro de California, su jubilación no cubría las necesidades básicas. Michael y yo intentábamos darles dinero periódicamente, pero mi madre no quería saber nada de eso. Un día bastante frío de invierno los llamé y descubrí que los dos habían pescado graves resfriados. Habían estado helándose en su casa el último mes porque no tenían dinero para comprar el combustible que necesitaba la calefacción. Allí estaba yo, con más dinero del suficiente para ayudar y ellos estaban sufriendo innecesariamente. De inmediato hice arreglos para que les entregaran combustible y comprendí cuán dolido debe estar nuestro Padre celestial ante nuestro sufrimiento innecesario. Yo también olvido que algunas cosas son mi herencia y mi primogenitura debido a Jesús. Sin embargo, ya no lo olvido por mucho tiempo, porque sé cuáles son los regalos de Dios y lo que ellos hacen por mí. También quiero que tú los conozcas.

Dios nos dio primero el regalo de su Hijo, Jesús (Juan 4.10) y el regalo de su Espíritu Santo (Hechos 2.38). Todos los demás obsequios surgen de esos dos. Regalos como la justicia (Romanos 5.17), la vida eterna (Romanos 6.23), la profecía (1 Corintios 13.2), y la paz (Juan 14.27) son solo algunas de las cosas que Dios nos da.

De los innumerables obsequios que Dios tiene para nosotros, cuatro en particular son cruciales para nuestra sanidad, restauración y realización emocional continua: su amor, su gracia, su poder y su descanso. Estos son dones que no podemos empezar a recibir por nuestra cuenta.

Recibe el regalo divino del amor

Hace pocos años me invitaron a hablar ante un gran grupo de presas en una prisión de mujeres. Después se me permitió hablar en privado con algunas de las mujeres que quisieron conversar conmigo. Debido a que les había contado la historia de mi vida con mucha transparencia, todas estaban muy receptivas. Una joven tímida y aparentemente frágil, a quien llamaré Tracy, me confesó lo que había hecho para que la tuvieran tras rejas. Digo confesó porque, aunque ya había sido condenada por el crimen, no se le exigía que revelara esto, y se me había prohibido estrictamente preguntar a cualquier presa por qué estaba allí.

Tracy me contó que nació de una madre que no la quería, no la valoraba, y con frecuencia se lo manifestaba. Su padrastro le pegaba, la violó varias veces con mucha violencia y la trataba con desdén. La chica creció desesperada por amor.

A los quince años un adolescente embarazó a Tracy, y su iracunda madre la echó de la casa. El novio también la abandonó y ella no tenía familiares o amigos a quienes acudir. Con ayuda del gobierno permaneció sola en un diminuto apartamento de un cuarto y tuvo su bebé.

«Me quedé con el bebé porque quería amar a alguien», dijo Tracy con desgarradora sinceridad. Pero ella era muy inexperta y estaba más asustada que su misma bebita, y no pudo sobreponerse al incesante lloriqueo de su hija. Una noche, cuando ya no podía soportar más, el fracaso y el rechazo de toda una vida surgieron en ella con tal fuerza que perdió el control. Tomó una almohada y la puso encima del rostro de la bebita hasta que cesó el llanto. La bebé estaba muerta.

Aun cuando Tracy estaba llena de remordimiento y desesperación por lo que había hecho, aun disfrutaba la extensa cobertura que los medios de comunicación le dieron a su crimen. ME dijo: «Cuando me arrestaron y mi foto apareció en la primera página del periódico, me sentí orgullosa porque pensaba: *Ahora soy alguien. Las personas me tienen en cuenta*».

Esta escalofriante declaración me consternó y me conmovió, pero mi corazón se quebrantó tanto por Tracy como por la bebita. Yo sabía que cualquiera que no tuviera amor en su infancia lo busca con desesperación en cualquier parte, sin importar cuán extraño o irracional sea el método. Mientras más extremas sean las condiciones de maltrato, más extremos son los actos de desesperación. Cuando no te sientes amada, temes no existir. Esto es aterradoramente indescriptible, y siempre andas en busca de confirmación de tu existencia, aunque sea negativa.

Alimento para el alma

Así como la comida nos ayuda a crecer físicamente y la educación nos ayuda a crecer mentalmente, necesitamos amor para crecer emocionalmente. Si no se nos nutre con amor, nuestras emociones permanecerán inmaduras y siempre andaremos en busca del amor que nunca tuvimos. Sin embargo, ¿cómo podrás obtener ese amor cuando quieres se supone que te deben amar no te lo comunican o no son capaces de dártelo?

Tratas con la carne cualquier cosa. A un cierto nivel de necesidad, cualquier clase de atención (incluso negativa) es mejor que ninguna atención. Hacemos y decimos cosas que no deberíamos para captar atención, aceptación y amor de otros. Pero en el espíritu hay otro camino: recibir el amor de Dios.

Le expliqué a Tracy que el Señor tenía planes para ella antes de su nacimiento. Sin embargo, los pecados de sus padres eran los planes de Satanás.

—Tracy —le dije, mirándola fijamente—, estoy aquí para decirte que ante los ojos de Jesús *siempre* has sido alguien. Siempre has sido importante para Él. Dios conoce todo tu sufrimiento. Él ha visto todo lo que te ha sucedido y su Espíritu se duele con el tuyo. Él nunca quiso todo esto para ti y desea devolverte todo lo que se ha perdido.

Comenzó a llorar y la abracé fuertemente.

—Sin embargo —sollozó con profunda desesperación en los ojos—, ¿cómo puede Dios aceptarme después de lo que hice? ¿No es ahora demasiado tarde para mí?

Tracy, Dios nos ama y nos acepta como somos, pero Él no nos deja de esa manera —le dije—. Por eso nunca es demasiado tarde. No importa en qué nos hayamos convertido, cuando le permitimos entrar a nuestras vidas y recibir a Jesús, Él empieza inmediatamente a cambiarnos desde adentro hacia afuera. Él tomará todos los pedazos de tu vida, los unirá y hará que sirvan para algo bueno. Él te liberará para que seas la persona que Él tenía en mente.

El amor de Dios no muestra favoritismos

Después de recibir a Jesús pude sentir la firme presencia del amor

Lo que la Biblia dice acerca de
recibir el regalo divino de amor

Con amor eterno te he amado; por tanto,
te prolongué mi misericordia.
Aun te edificaré, y serás edificada.
Jeremías 31.3-4

El que me ama, mi palabra guardará; y mi Padre le
amará, y vendremos a él, y haremos morada con él.
Juan 14.23

¿Quién nos separará del amor de Cristo?
¿Tribulación, o angustia, o persecución, o hambre,
o desnudez, o peligro, o espada?
Romanos 8.35

Estoy seguro de que ni la muerte, ni la vida,
ni ángeles, ni principados, ni potestades, ni lo
presente, ni lo por venir, ni lo alto, ni lo profundo,
ni ninguna otra cosa creada nos podrá separar del
amor de Dios, que es en Cristo Jesús Señor nuestro.
Romanos 8.38-39

Sea ahora tu misericordia para consolarme.
Salmos 119.76

de Dios, y ya no tuve problema en creer que Él ama a todo el mundo. Es decir, a todos *los demás*. Tenía dificultades en creer que Él *me* amaba. Podía hablar a otros acerca del amor de Dios, pero no podía recibirlo para mí misma. Para que el amor de Dios se profundizara de verdad en mi ser se necesitó algún tiempo de caminar con Él, de aprender acerca de su naturaleza, de darle tiempo para responder mis oraciones, de ver que su Palabra era verdadera, y de recibir su liberación.

Si piensas que Dios no puede amarte porque no eres digna de amor, debes entender que Él nos ama de modo distinto. Nada puedes hacer para que Él te ame más... y nada puedes hacer para que te ame menos. La Biblia dice: «El mismo que es Señor de todos, es rico para con *todos* los que le invocan» (Romanos 10.12, énfasis añadido). Él te ama tanto como me ama a mí o a cualquier otra persona.

Ese día le expliqué a Tracy en la prisión: «Dios te ama, Tracy. Si se lo permites, Él te encontrará exactamente aquí mismo y ahora, y transformará toda tu vida».

Puesto que Tracy sentía el amor de Dios, esa mañana recibió a Jesús como su Salvador. Varias prisioneras y dos de los guardias me dijeron más adelante que nunca la habían visto llorar o hablar con alguien en los tres años que había estado allí. Era indudable que algo la había tocado, y no fui yo. Los humanos no tenemos esa clase de poder. Solo el amor de Dios puede transformar vidas. No volví a ver a Tracy después de ese fin de semana, pero oro por ella a menudo. Ella fue un ejemplo excelente del modo en que cobra su cuota una vida de pasar desapercibida y sin amor. Solo el incondicional y compasivo amor de Dios puede sanar heridas de tal magnitud.

Creer es recibir

La clave para recibir el amor de Dios es decidirte a creer que está allí para ti y decidir abrirte a ese amor. Nada puede separarnos del amor de Dios, excepto nuestra incapacidad de recibirlo.

La Biblia dice: «Al que espera en Jehová, le rodea la misericordia» (Salmos 32.10). Mientras más digas «Dios, confío en tu amor para mí y en todo lo que dices en tu Palabra acerca de mí y de mis circunstancias», más experimentarás el amor del Señor en tu corazón.

Recibir el regalo del amor de Dios significa que no necesitamos hacer cosas desesperadas por aprobación. Tampoco debemos estar deprimidos cuando no recibimos amor de otras personas en la manera exacta en que sentimos necesitarlo. Cuando sentimos el amor de Dios, este se lleva la presión de relaciones rotas y nos libera para ser quienes fuimos llamados a ser.

Si tienes dudas acerca del amor de Dios por ti, pídele que te lo muestre. Lee lo que la Biblia dice acerca de su amor y decide creerle. El amor de Dios no es solo un sentimiento; es el Espíritu de Dios. Puesto que Él es amor, tan solo pasar tiempo de oración y alabanza en su presencia hace que su amor impregne tu ser.

Si a pesar de lo que hagas aun no sientes que Dios te ama, quizás necesites liberación de alguna atadura. Pídele que te muestre de qué se trata y deberías buscar consejería. La consejería también es parte importante de tu sanidad y restauración, y no debes descuidarla.

Abrirte y recibir el amor de Dios te hace más capaz de amar a otros, incluso a personas por quienes no tienes afinidad natural. Irradiar amor hacia otros es parte del perfeccionamiento del amor de Dios en ti. También hace que la gente *te* ame más. Todo esto trae sanidad emocional.

El amor de Dios siempre es más de lo que esperamos. Por eso a menudo lloramos en su presencia. Esas son lágrimas de gratitud por el amor que va más allá de nuestra imaginación.

Recibe el regalo divino de la gracia

—Rápido, súbete al auto — le ordené a Amanda, quien en ese momento tenía tres años—. El conductor detrás de nosotras quiere nuestro lugar de estacionamiento.

Tiré nuestra bolsa de compras al asiento trasero, cerré la puerta del pasajero y corrí al puesto del conductor en respuesta al impaciente toque de bocina.

¿Por qué hoy todo el mundo tiene tanta prisa?, me pregunté mientras me deslizaba detrás del volante y abrochaba mi cinturón de seguridad. Salí del espacio donde me encontraba, atravesé el repleto estacionamiento y crucé a la derecha para dirigirme a la estrecha salida de una sola vía. Exactamente cuando estaba a punto de llegar a la esquina que me llevaría a la calle, se nos vino encima un auto a toda velocidad. Por equivocación el conductor siguió la vía «Salida», marcada no muy claramente, en vez de la otra con el letrero «Entrada». Pegué un frenazo y lo mismo hizo el otro auto. Solo una fracción de centímetro evitó que chocáramos de frente. Amanda salió volando hacia el parabrisas.

En mi prisa no tuve el cuidado de abrochar el cinturón de seguridad de mi hija. Mientras utilizaba pañuelos de papel para limpiar la sangre que le salía por boca y nariz, oraba desesperadamente: «Oh, Dios, perdóname por ser tan descuidada. Por favor, Señor, no permitas que Amanda tenga alguna lesión. Sánala, por favor, Señor». Temía que se hubiera roto los dientes y la nariz, o peor aun, la nuca o el cráneo.

Cuando salí de allí no había rasguños, contusiones ni dientes rotos, solo una nariz sangrante y una fisura en el interior de la boca de Amanda. Estaba muy consciente de la milagrosa mano del Señor sobre nosotras y de que no recibí lo que merecía. Merecía el juicio por mi falla, que es la destrucción. En vez de eso lo que recibí fue la gracia de Dios.

No como merecemos

He pasado quince años aprendiendo a entender lo que se logró en la cruz, y significa simplemente que Jesús *se llevó todo lo que me correspondía (dolor, enfermedad, fracaso, confusión, odio, rechazo y muerte) y me dio todo lo que le correspondía a Él (su plena realización, sanidad, amor, aceptación, paz, gozo y vida)*. Debido a la gracia de Dios, lo único que debemos hacer es decir: «Jesús ven a vivir en mí y sé el Señor de mi vida».

Cuando recién cumplí veinte años una desesperada necesidad de amor motivaba mi estilo de vida. Entre las desastrosas consecuencias de este estilo de vida hubo dos abortos en menos de dos años. Ambas experiencias fueron horribles, aterradoras y traumáticas, tanto física como emocionalmente (sin mencionar lo ilegal en ese tiempo); sin embargo, respecto a estos abortos sentía más alivio que arrepentimiento. Solo después de comenzar a caminar con el Señor y de aprender sus caminos, vi lo que había hecho.

Cuando Michael y yo decidimos tener un bebé, pasaban los meses y no llegaba el embarazo. Yo, quien antes había quedado embarazada con mucha facilidad, pensaba que seguramente estaba recibiendo un castigo por los abortos.

Oré al Señor diciendo: «Dios, sé que no merezco dar a luz una nueva vida después de haber destruido dos vidas dentro de mí. Merezco quedarme sin hijos. Pero, por favor, ten misericordia y ayúdame a concebir».

Lo que la Biblia dice acerca de recibir el regalo de la gracia de Dios

Por gracia sois salvos por medio de la fe; y esto no
de vosotros, pues es don de Dios.
Efesios 2.8

Bástate mi gracia; porque mi poder
se perfecciona en la debilidad.
2 Corintios 12.9

No depende del que quiere, ni del que corre,
sino de Dios que tiene misericordia.
Romanos 9.16

Él escarnecerá a los escarnecedores,
y a los humildes dará gracia.
Proverbios 3.34

Bienaventurados los misericordiosos,
porque ellos alcanzarán misericordia.
Mateo 5.7

El Señor contestó esa oración, y mis hijos han sido el más grande ejemplo de la misericordia y la gracia de Dios para mí. *Él me dio exactamente lo que no merecía.*

La gracia de Dios es para quienes viven en su reino y permiten que ese reino more en ellos. No podemos recibir su gracia a menos que lo recibamos a *Él.* Este es un regalo que Él tiene en su mano. Una vez que lo aceptamos, Él nos acepta y se abstiene de castigarnos como merecemos.

La gracia tiene que ver con todo lo que *Dios* es. *Él* la tiene, no nosotros. La gracia siempre es una sorpresa. Piensas que no ocurrirá, y sucede. Acerca de la gracia, el pastor Jack Hayford nos enseña que «cuando el humilde dice: "No la tengo ni puedo tenerla por mí mismo", Dios dice: "Yo la tengo y voy a dártela". Esa es la gracia de Dios».

La parte difícil de recibir la gracia de Dios es mantener un equilibrio entre pensar: *Puedo hacer todo lo que quiera porque la gracia de Dios lo cubrirá todo,* y creer: *Todo en mi vida, mi éxito, mi matrimonio, el futuro de mis hijos, mi realización futura, depende totalmente de lo que hago.* Ninguno de los dos extremos ejemplifica la gracia y la misericordia; sin embargo, las personas que han recibido daño emocional caen a menudo en la última categoría. Sienten que si no logran la perfección que según ellas deben tener, se echan la culpa. Si somos despiadadas con nosotras mismas tenemos dificultades para recibir misericordia y mostrarla por alguien más. Además, una de las condiciones para recibir sanidad emocional es mostrar misericordia a otros: «A su alma hace bien el hombre misericordioso; mas el cruel se atormenta a sí mismo» (Proverbios 11.17).

Las misericordias del Señor «nuevas son cada mañana» (Lamentaciones 3.23), y así deberían ser las nuestras.

Recibe el regalo divino del poder

Poco después de que nuestro hijo cumpliera un año de edad, muy tarde una noche tuve que ir a la farmacia para recoger una medicina recetada para su resfriado. Lo dejé en casa con mi esposo y salí corriendo, con poco tiempo antes de que cerraran la tienda. Solo había un par de autos en el estacionamiento, que generalmente estaba lleno. Entré a toda prisa, hice la compra y salí de la tienda en el momento en que apagaban las luces. Ahora el estacionamiento estaba vacío y oscuro, y me sentí nerviosa al caminar sola hasta mi auto. Cuando había alcanzado aproximadamente una tercera parte del camino, vi una figura moviéndose entre las sombras a un lado del edificio. Parecía ser un hombre en una bicicleta y, aunque la bicicleta impartía un aire de inocuidad, apuré el paso, empecé a orar y alisté mis llaves para abrir la puerta del auto.

Jesús, ¡ayúdame! ¡Dios, protégeme! oraba en silencio mientras seguía caminando pausadamente. El suave sonido de la bicicleta se acercaba a un ritmo constante. Justo cuando me aproximaba al auto, pero no lo suficiente como para entrar en él, la figura se bajó de la bicicleta y me agarró por la espalda. En ese momento mi instinto de vida o muerte convocó toda mi energía y fervientemente se armó de la única fuente de poder que tenía.

Cuando el hombre me agarró, me volví y le dije con tal autoridad que nunca antes había tenido o que podría repetir: «¡No me toques o, en el nombre de Jesús, eres hombre muerto!» Lo que me asombró fue que lo dije, no como una víctima aterrada sino como una persona agresiva y dominante.

Mi agresor era un hombre joven, quizás de dieciocho o diecinueve años, pero tan fornido como para dominarme. Me volví hacia él tan rápidamente que pude ver cómo cambiaba su expresión de agresividad a asombro. Mis ojos se enfrentaron a los suyos inmóviles y nada en mí me hizo volver atrás.

«Alguien nos está viendo, y Él no te dejará ir si me tocas», dije mientras quitaba el seguro a la puerta y la abría rápido sin quitarle los ojos de encima.

El joven se quedó inmóvil mientras yo subía al auto, cerraba la puerta, le ponía seguro, prendía el motor y me alejaba.

«¡Gracias, Jesús! Gracias, Jesús», decía mientras conducía a casa, intentando abrochar el cinturón de seguridad con manos temblorosas. Dos cosas me estremecían de asombro: primero, mi posición completamente vulnerable en un estacionamiento enorme y poco iluminado a altas horas de la noche, a merced de un desadaptado; y segundo, mi capacidad de ahuyentarlo con el poder y la autoridad que Dios me había dado. Difícilmente podía creer lo sucedido.

No hace falta decir que después de eso nunca más probé al Señor yendo sola a estacionamientos poco iluminados, pero creo que su poder manifiesto en ese momento fue un regalo. Creo además que *Dios* estaba observando, y que si ese joven hubiera llevado a cabo lo que intentaba seguramente habría llevado muerte y destrucción, tanto a *su* vida como a la mía. Lo que le dije fue un mensaje de Dios.

Cómo recibir el poder milagroso

El poder de Dios es un obsequio que debemos usar, entre otras cosas, para la sanidad de nuestras almas; y todo aquel que desee salud y restauración emocional debe tener acceso a él. El Señor quiere que conozcas «la supereminente grandeza de su poder para con nosotros los que creemos» (Efesios 1.19), para que Él pueda «fortalecerte con poder por medio de su Espíritu en tu ser interior» (lee Efesios 3.16). Para que puedas recibir su poder, primero debes recibirlo a Él y conocerle. También debes conocer a tu enemigo y estar convencida de que el poder de Dios es superior. Luego debes usar las llaves que Jesús nos da para acceder a ese poder. Él dijo: «Te daré las llaves del reino de los cielos; y todo lo que atares en la tierra será atado en los cielos; y todo lo que desatares en la tierra será desatado en los cielos» (Mateo 16.19).

Las llaves del reino

El pastor Jack comparó las llaves del reino con las de su auto explicándolo de la siguiente manera: «Hay muy poco poder en la llave que enciende mi auto, pero ese motor con todo su poder no tiene vida si no pongo mi llave en el encendido. No tengo el poder de salir e ir a cien kilómetros por hora, pero tengo acceso a un recurso que me puede llevar a esa velocidad.

»Jesús dijo: "Te daré las llaves del reino de Dios". Llaves significa la autoridad, el privilegio, el acceso. Algunas cosas no se encenderán a menos que *tú* las enciendas. Algunas cosas no se desatarán a menos que *tú* las desates. Algunas cosas no se liberarán a menos que *tú* las liberes. La llave no le *da* el poder al motor, *libera* su poder».

El pastor Jack estableció la diferencia de que el reino de Dios significa el reino de *su* gobierno. Nuestra voluntad debe estar sometida a la suya hasta que seamos completamente dependientes de *su* poder. Como el pastor Jack dice: «Las llaves del Señor no sirven en nuestro reino privado. Su poder se desata por una orden, pero no para nuestro capricho».

La apertura hacia el poder de Dios

Puesto que conozco a Jesús y vivo en obediencia y sumisión a Él, tengo acceso a su poder por medio de lo que logró en la cruz. Debido a Él, mis oraciones tienen poder. Cuando vivo a su manera y me someto a Él, tengo acceso a las llaves de su reino. Este poder me salvó en ese oscuro estacionamiento.

Lo que la Biblia dice acerca de cómo recibir el regalo divino del poder

Él da esfuerzo al cansado, y multiplica las fuerzas al que no tiene ningunas.

Isaías 40.29

Aunque fue crucificado en debilidad, vive por el poder de Dios. Pues también nosotros somos débiles en él, pero viviremos con él por el poder de Dios para con vosotros.

2 Corintios 13.4

Mayor es el que está en vosotros, que el que está en el mundo.

1 Juan 4.4

No nos ha dado Dios espíritu de cobardía, sino de poder, de amor y de dominio propio.

2 Timoteo 1.7

Os doy potestad de hollar serpientes y escorpiones, y sobre toda fuerza del enemigo, y nada os dañará.

Lucas 10.19

Si te sientes impotente y débil frente a tus circunstancias, entonces agradece a Dios que aunque *tú* eres débil, *Él* no lo es. Él dice: «Mi poder se perfecciona en la debilidad» (2 Corintios 12.9). Así como Jesús fue crucificado en debilidad y vive ahora en todo poder, lo mismo es cierto para nosotros si llegamos ante Él en debilidad. Nuestro poder viene de la obra del Espíritu Santo en nosotros. Jesús dijo a sus discípulos que «esperaran la promesa del Padre», entonces «recibirían poder cuando llegara sobre ellos el Espíritu Santo» (lee Hechos 1.4,8). Negarle un sitio en tu corazón al Espíritu Santo es limitar el poder de Dios en tu vida.

Puesto que es inevitable que la naturaleza humana obre en sí misma hacia la esclavitud, siempre estamos en necesidad de un nuevo fluir del Espíritu Santo. Pídelo a diario. Di cada mañana: «Dios necesito que obre en mí un nuevo fluir del poder de tu Espíritu Santo. Soy débil, pero tú eres todopoderoso. Sé fuerte en mí este día». Esta es una oración poderosa.

No seas víctima de tus circunstancias. No te dejes atormentar. No te cruces de brazos cuando la vida parezca derrumbarse. No vivas en términos de energía humana. Deja que el poder de Dios te capacite para levantarte por encima de los límites de tu vida. Utiliza la autoridad que se te ha dado sobre tu mundo, recordando que el diablo siempre desafiará esa autoridad. No dejes que te la quite.

¿De qué sirven las llaves de Dios para nosotros si no las usamos para abrir todas las puertas de la vida? ¿De qué sirve el poder de Dios para ti si no lo recibes ni lo usas? Abre el regalo de poder que Él te ha dado. Tu vida depende de eso.

Recibe el regalo divino del descanso

Un día Mary Anne me dijo: «Stormie, hay intranquilidad en tu espíritu. Lo veo salir a flote ocasionalmente».

Nos habíamos vuelto buenas amigas en los trece años desde esa primera sesión de consejería en su oficina. Ella siempre había sido muy certera en sus observaciones, pero esta vez no estaba convencida.

Señor, muéstrame si esto es verdad. Aunque no lo veo, ¿hay algo en mí que me ocasiona intranquilidad?, oré cuando estuve a solas.

Más tarde esa misma semana, Mary Anne me habló de un sueño que tuvo, en el que sentía que Dios le revelaba que mi intranquilidad se debía a una falta de perdón hacia mi padre. De inmediato rechacé esa idea. Era obvio que ella no conocía a mi padre. Él nunca me había hecho nada malo.

Cuando estuve sola consideré lo que Mary Anne dijo y le pregunté al Señor si había algo de verdad en eso. Cuando lo hice salió una sorprendente ola de dolor, cólera, resentimiento y falta de perdón hacia mi padre. Ni una sola vez él me sacó del clóset ni me había protegido de la demencia de mi madre. Siempre sentí que papá nunca estuvo allí para mí. Lloré por eso larga y amargamente, como nunca antes lo había hecho, y después sentí que un peso gigantesco se había levantado de mis hombros.

Le conté a Mary Anne, y ella oró porque fuera liberada totalmente de esa falta de perdón hacia mi padre. Lloré de nuevo, más lágrimas de las que creía tener. Siempre había amado a papá, pero ese día me liberé para amarlo más. Asombra la manera diferente en que vemos a una persona cuando la hemos perdonado.

Llegué a ver que mi falta oculta de perdón hacia mi padre me había impedido confiar en toda figura de autoridad masculina, incluyendo a Dios. Siempre sentí que debía encargarme de mis asuntos por mí cuenta. Era algo sutil y subconsciente que no se manifestaba en mí como rebeldía sino como intranquilidad. *Yo* debía ser quien hiciera que las cosas pasaran, o no sucederían por nada.

Sin embargo, después de esta época de liberación entré en un lugar profundo de descanso en el Señor como nunca antes lo había estado. Era un lugar que Dios había provisto para mí, pero debido a mi pecado oculto no había podido recibirlo.

Papá tiene ahora noventa y dos años y vivió seis con nosotros (Michael, nuestros hijos y yo) antes de irse a vivir con mi hermana. No solo fue para mis hijos un ferviente animador, y para mi esposo un entusiasta compañero para ver deportes, sino que estuvo allí para mí de tal manera que ha sido de extraordinaria sanidad. Preparaba deliciosas comidas para nosotros cuando mis ocupaciones no me lo permitían. Cuidaba a los niños si yo tenía que salir. Se encargaba de muchas tareas caseras que no me gustaban, como limpiar la chimenea y sacar la basura. Sin embargo, no creo que este estilo de vida habría funcionado con éxito si no hubiera estado dispuesta a perdonar.

Cómo descansar en Dios

Descansar es un «ancla del alma» (lee Hebreos 6.19) que evita que el mar de las circunstancias nos sacuda. No es solo la sensación de calma que tenemos cuando estamos de vacaciones o la relajación de un profundo sueño nocturno; el verdadero descanso es un lugar dentro de nosotros donde podemos estar tranquilos y saber que Él es Dios, no importa lo que esté ocurriendo a nuestro alrededor.

Jesús dijo: «Venid a mí todos los que estáis trabajados y cargados, y yo os haré descansar» (Mateo 11.28). Él nos da instrucciones de no permitir que nuestros corazones se preocupen sino que resistamos al decidir descansar en Él. Debemos decir: «Dios, este día decido entrar al descanso que tienes para mí. Muéstrame cómo».

Cuando hacemos eso, Dios revela todo lo que se presenta en nuestro camino. Descansar es echar toda nuestra ansiedad sobre Él, porque Él tiene cuidado de nosotros (1 Pedro 5.7) y aprender a estar contentos en cualquier situación (Filipenses 4.11). No es necesariamente estar feliz *con* las circunstancias, sino ser capaz de decir: «Dios tiene el control, he orado por esto, Él conoce mi necesidad, estoy obedeciendo con lo mejor de mi conocimiento. Puedo descansar».

Cómo sabotear tu descanso

¿Por qué entonces tenemos tanto problema para poder descansar? ¿Por qué recurrimos a tranquilizantes, pastillas para dormir, alcohol, drogas, televisión o cualquier otra cosa para adormecer nuestras mentes y detener nuestro proceso de pensamiento? La Biblia dice que el descanso se perturba por el pecado, la rebelión y la ansiedad.

1. *Pecado*. El pecado nos separa de *todo* lo que Dios tiene para nosotros, incluyendo su descanso. «Los impíos son como el mar en tempestad, que no puede estarse quieto. [...] No hay paz» (Isaías 57.20-21).

No somos los impíos de los que Dios está hablando, pero cometemos pecados. Nos preocupamos, dudamos, tenemos amargura y falta de perdón, no depositamos nuestras cargas en Él, y no siempre observamos momentos de descanso.

2. *Rebelión*. Somos rebeldes si nos negamos a hacer lo que Dios pide que hagamos. Perdemos nuestro lugar de descanso cuando

nuestros corazones se apartan del modo de vida que sabemos que Dios quiso para nosotros. «Siempre andan vagando en su corazón, y no han conocido mis caminos. Por tanto, juré en mi ira: No entrarán en mi reposo» (Hebreos 3.10-11).

3. *Ansiedad*. David lo dijo muy bien en Salmos 55.4-6:

Mi corazón está dolorido dentro de mí,
Y terrores de muerte sobre mí han caído.
Temor y temblor vinieron sobre mí,
Y terror me ha cubierto.
Y dije: ¡Quién me diese alas como de paloma!
Volaría yo, y descansaría.

¿Cuántas veces nos hemos sentido así? Por todos lados nos presionan angustias, preocupaciones, dolores, ansiedades, temores y horrores, y sentimos que el único modo de encontrar descanso es escapar. Pero Dios nos ordena orar y sacar tiempo para descansar en Él.

El regalo de Dios es que deberíamos tener un día completo de descanso todas las semanas y no perder nada al hacerlo. Esto significa descanso para el alma y para el cuerpo... un día de vacaciones de nuestros problemas, preocupaciones, fechas límites, necesidades, obligaciones y decisiones futuras. Es pasar tiempo con Él porque «solo en Dios halla descanso mi alma» (Salmos 62.1, NVI). Si Dios mismo observó un día de descanso, ¿cómo esperaremos sobrevivir sin él? Pídele que remueva cualquier cosa que obstruya el regalo del descanso que Él tiene para ti.

Todas las dádivas de Dios son importantes. No pierdas ninguna de ellas en tu vida. Seguramente quieres *todo* lo que Él tiene para ti.

Oración

Señor, sé que toda buena dádiva viene de ti, y quiero todas las que tienes para mí. Muéstrame cómo abrirme a todas ellas. Muéstrame cómo desarrollar la total expresión de estas dádivas en mi vida. Sé que sin ellas no puedo vivir todo lo que tienes para mí.

Lo que la Biblia dice acerca de recibir dones de Dios

Toda buena dádiva y todo don perfecto desciende
de lo alto, del Padre de las luces, en el cual no hay
mudanza, ni sombra de variación.
Santiago 1.17

Si vosotros, siendo malos, sabéis dar buenas dádivas
a vuestros hijos, ¿cuánto más vuestro Padre que está
en los cielos dará buenas cosas a los que le pidan?
Mateo 7.11

Cada uno según el don que ha recibido, minístrelo
a los otros, como buenos administradores de
la multiforme gracia de Dios.
1 Pedro 4.10

A cada uno de nosotros fue dada la gracia
conforme a la medida del don de Cristo.
Efesios 4.7

Procurad, pues, los dones mejores.
1 Corintios 12.31

6

PASO SEIS: RECHAZA LOS ESCOLLOS

«No es un ser humano; tan solo es un montón de células. El alma y el espíritu del bebé entran a su cuerpo cuando nace. Además, es mi vida, y tengo mis derechos». Esta es la mentira que yo creía. Era un engaño y tenía poca conciencia de culpa acerca de tomar la vida de otra persona por medio del aborto. No obstante, eso no hizo que fuera menos malo o que las consecuencias fueran menos terribles.

Engaño es caminar, pensar, actuar o sentir en oposición al camino de Dios y creer que está bien hacerlo. También es creer que las cosas son de cierto modo, cuando en realidad no son así en absoluto. Satanás es el engañador y nos engaña cuando nos alineamos con él.

Para mantenernos alejadas del engaño debemos poner todo en nuestras vidas ante la luz de la Palabra de Dios, para encontrar la verdad. No podemos dejarnos llevar por lo que el mundo acepta o rechaza. Eso solo nos pondrá en terreno inestable. El engaño del aborto, por ejemplo, es pensar que no hay nada malo porque es legal. Pero cuando la existencia misma de otra persona pende de un hilo, ya no es solo un asunto de *mi* vida, *mis* derechos y *mi* decisión. Es necesario pensar en alguien más, y no reconocerlo es estar engañados de verdad.

En mi situación particular, me encontraba desesperada en la época de mis abortos. Atribuía a mi vergüenza mis malos sentimientos acerca de ellos. No tuve conciencia de que el aborto fuera inmoral hasta después de haber recibido al Señor, de tener el Espíritu de verdad morando en mí y de que mis ojos se abrieran a la verdad de Dios:

Antes que te formase en el vientre te conocí,
Y antes que nacieses te santifiqué (Jeremías 1.5).

Tú formaste mis entrañas;
Tú me hiciste en el vientre de mi madre (Salmos 139.13).

También leí informes médicos de bebés de apenas cinco meses de gestación que sobrevivieron fuera del vientre, y que los bebés dentro del útero perciben estímulos de luz y sonido. «Los bebés en el vientre tal vez pueden ver, oír, saborear y sentir emociones», dijo John Grossman en «Nacen inteligentes» (*Revista de Salud,* marzo de 1985). Tuve que admitir que había destruido a alguien que Dios había creado con habilidades y dones, llamado y propósito. Lloré. No, me acongojé. El aborto es un engaño y nos esperan dificultades cuando estamos de acuerdo con él.

Por supuesto, la gracia de Dios significa que no pagamos por las cosas como merecemos, pero los efectos aun están allí. Nunca he oído decir a alguien que se hiciera un aborto: «Me siento totalmente realizada y emocionada por lo que hice, y sé que soy una persona mejor y enriquecida por eso». La vida nunca volvió a ser igual para mí. Había agregado otro secreto oscuro a mi ya creciente colección y no me podía sentir totalmente bien conmigo misma.

Todo mal ocurre por engaño. El diablo nos engaña para que aceptemos cosas opuestas a los caminos de Dios. Apela a nuestra carne y enturbia los asuntos para hacerlos aparecer como varias sombras grisáceas. Aceptamos el gris solo como una sombra diferente del blanco en vez de la alteración del negro.

Cómo atravesar la línea

Existe una línea definitiva entre el reino de Dios y el de Satanás, y hay personas en los bordes de cada reino. No se necesita mucho para poner individuos en el límite del territorio de Satanás y dejarle que controle una parte de sus corazones en el proceso. Incluso cristianos. Lo único que se necesita es aceptar un engaño como «se trata de mi cuerpo», «se trata de mi vida», «tengo mis derechos», «nadie más sale herido», «pero si me siento bien». Tales mentiras llevan a un poco de lujuria, un poco de mentira, un poco de adulterio, un poco de robo y un poco de asesinato. Sin embargo, una acción es robo, asesinato, adulterio, lujuria y mentira, o no lo es. O estás alineada con el reino de Dios o con el de Satanás.

El mal que hay detrás del engaño del aborto es un espíritu de asesinato. Esto no significa que habría ido por ahí matando gente porque me había alineado con ese espíritu. Significaba que en mi alma pagaría el precio por mi indiferencia hacia la vida como la hizo Dios. Al obrar en mí un proceso de muerte no experimentaría plenamente la vida. Y muchas de mis acciones (como sobredosis de drogas, beber en exceso y pensamientos de suicidio) eran parte de ese proceso de muerte.

Todos somos susceptibles al engaño en algún modo. El engaño es el plan de Satanás para nuestras vidas. Pero la buena nueva es: *No tenemos que escuchar sus mentiras.* Podríamos pensar que debemos dar crédito a todo lo que llega a nuestras mentes, pero no lo hacemos. Debemos examinar nuestros pensamientos a la luz de la Palabra de Dios y ver si están adecuadamente alineados.

Detrás del engaño siempre hay un espíritu maligno. Esto significa que todo engaño lleva a la esclavitud, y a esta solo podemos sacarla reemplazándola con la verdad de Dios y viviendo en concordancia con ella. Es muy difícil identificar las mentiras si la Palabra de Dios no llena tu mente con la verdad. Además, si no oras a diario: «Señor, guárdame del engaño», no puedes protegerte del engañador. *El diablo utilizará contra ti todo lo que no sabes acerca de Dios.*

Dios nos quiere libres del asidero mortal del pecado, ya sea que hayamos actuado en ignorancia o en pleno conocimiento, o que nos sintamos culpables o no. Cuando descubres que has estado engañada, confiesa el engaño y arrepiéntete de inmediato. Si has caído en el engaño del aborto, por ejemplo, di: «Señor, confieso mi aborto. No intentaré excusarme por lo que hice porque tú conoces mis circunstancias y mi corazón. Comprendo por tu Palabra que nos conoces a cada uno desde el vientre. Ahora me doy cuenta que nunca se realizarán tus planes y propósitos para esa persona que yo permití que se destruyera. Me arrepiento por participar en eso y me arrepiento por mis acciones. Ayúdame, Señor, a vivir en tu camino y a tomar decisiones por la vida. Derrama tu misericordia sobre mí y libérame de la pena de muerte por este pecado. Oro esto en el nombre de Jesús».

Después de confesar y orar a conciencia, no dejes que el diablo continúe acusándote. No tienes mancha ante Dios, por tanto sé libre para vivir en la plenitud de todo lo que Él tiene para ti.

En este capítulo quiero que veas quince de los engaños más comunes. Podemos caer en ellos y ni siquiera darnos cuenta. Personalmente, he estado atrapada, o al menos tentada en una u otra ocasión, por todos los engaños de la lista. Espero que esto te ayude a identificar las trampas *antes* de caer en ellas y de arriesgar tu sanidad. No permitas que ninguna parte de tu ser caiga en estos engaños.

Rechaza el escollo de la ira

Esta es la mentira que creemos cuando tenemos frecuentes arranques de ira: «Mis derechos son más importantes y si los violan mi ira está completamente justificada». El engaño del enojo es creer que tenemos derecho de estar enojados con cualquiera menos con el diablo. Las personas y las situaciones que nos hacen enojar son en realidad títeres que Satanás utiliza contra nosotros.

Después de sanar de mi falta de perdón profundamente enraizada hacia mi madre, aun tuve que tratar con la ira periódica hacia ella debido al maltrato verbal que se repetía cada vez que nos veíamos.

Mary Ann me explicó cuando acudí a su oficina en busca de ayuda: «El diablo está usando a tu madre para atacarte, Stormie. Ella es un recipiente dispuesto porque está dominada por esos espíritus. Tu lucha es contra Satanás, no contra ella».

Me fue sumamente difícil aprender a estar enojada con el diablo y no con mi madre, especialmente cuando me encontraba con ella. Una y otra vez debía recordarme quién era *en realidad* mi enemigo, pero las líneas de distinción se empañaban rápidamente. Al final pude deshacerme del enojo cuando no estaba al lado de mamá, pero ella murió antes de que pudiera llegar a dominarlo estando juntas. Cada vez que estaba con ella tenía que confesar mi ira a Dios y pedirle que me ayudara.

Cuando se culpa a Dios

A menudo las personas tienen gran enojo porque están culpando a Dios por algo. Esto es mucho más común de lo que la mayoría de nosotros estamos dispuestos a admitir, especialmente quienes han sido maltratados, rechazados o están sumamente desilusionados por figuras de autoridad. La tendencia es a pensar de Dios de modo subconsciente como un padre, abuelo, maestro o jefe abusivo, proyectando sobre Él actitudes que nada tienen que ver con quién realmente es el Señor. Si tus padres fueron mezquinos, severos, rigurosos, implacables, distantes, fríos, poco comunicativos, indiferentes, pasivos o impotentes, podrías pensar que Dios también es así. Tales proyecciones hacen que nos enojemos con Dios.

Mi esposo y yo tenemos un amigo que tiene muchos talentos pero que sacó a Dios de su vida, culpándolo por un accidente automovilístico en el que murió su hermana y él salió tan gravemente herido que terminó su prometedora carrera deportiva. Quince años después aun sigue amargamente resentido y cuestiona por qué Dios no evitó que eso sucediera. La verdad es que el accidente nunca fue parte del plan de Dios. El diablo viene a destruir y la muerte es parte de *su* plan. Este buen hombre aun continúa frustrado e insatisfecho al impedir que Dios obre poderosamente en su vida.

Culpar a Dios nos mete en un callejón sin salida, en vez de reconocerlo como nuestra *única* salida. Culpar a Dios produce una ira mal ubicada que canalizarás interiormente y te enfermarás, te frustrarás o te hará sentir insatisfecha, o le das rienda suelta hacia fuera y lastimarás a tu esposo, hijo, compañero de trabajo o incluso un extraño. Esta es una actitud con la que nadie gana.

Si estás disgustada con Dios, lo mejor que puedes hacer es sincerarte con Él al respecto. Tú no herirás sus sentimientos; Él ya conoce el asunto hace mucho tiempo. Ora diciendo: «Padre, he estado enojada contigo por esta situación particular (sé específica). He odiado esto y te he echado la culpa. Perdóname por favor y ayúdame

Lo que la Biblia dice acerca del enojo

Airaos, pero no pequéis; no se ponga el sol sobre
vuestro enojo, ni deis lugar al diablo.

Efesios 4.26-27

No te entremetas con el iracundo, ni te acompañes
con el hombre de enojos, no sea que aprendas
sus maneras, y tomes lazo para tu alma.

Proverbios 22.24-25

El hombre iracundo levanta contiendas,
y el furioso muchas veces peca.

Proverbios 29.22

Cualquiera que se enoje contra su hermano,
será culpable de juicio.

Mateo 5.22

No te apresures en tu espíritu a enojarte;
porque el enojo reposa en el seno de los necios.

Eclesiastés 7.9

a ser libre de eso. Llévate mis falsas ideas acerca de ti y ayúdame a conocerte mejor».

Cómo lidiar con tu enojo

La Biblia no dice que nunca debemos enojarnos; simplemente establece dos límites. Primero, no debemos herir a alguien de modo verbal o físico. Segundo, inmediatamente debemos llevar el enojo ante Dios y no cargarlo en nuestro interior porque pecamos.

Si nos enojamos debemos examinar la parte que tiene el diablo y dirigir adrede el enojo hacia él. Depositar la ira en otros (el esposo, un hijo, una amiga, una figura de autoridad, un extraño, o en nosotras mismas) es encauzarla mal. Debemos negarle a Satanás la oportunidad de manipularnos y esto se debe decidir *antes* de que surja el enojo.

Mi esposo y yo concordamos con Mary Anne en que no debía estar a solas con mi madre, porque cada vez que lo hacía me alteraba bastante. Por tanto decidimos que siempre que visitáramos a nuestros padres iríamos como familia. Antes de ir orábamos y atábamos los espíritus en mi madre, deteniendo su poder de atacarme. Le pedía a Dios que me llenara con su amor por ella y me recordara que debía dirigir mi enojo hacia Satanás. Esto ayudó en gran manera. No puedo decir que siempre funcionó, pero al menos pude poner la otra mejilla a algunas de sus insinuaciones.

El problema con el enojo, así como con los demás engaños, es que si no se trata con él de modo adecuado ante el Señor, se convertirá en un *espíritu* de enojo que controlará tu vida. Si eres susceptible a repentinos arranques de ira o si tu nivel de enojo es mayor que la ofensa, es repetitivo e incontrolable, entonces podrías tener un espíritu de ira. Este quizás lo heredaste de uno de tus padres o lo adquiriste de niña al observar que tus padres perdían los estribos. O si fuiste víctima del enojo de alguien más, tu falta de perdón o incapacidad de liberar ese recuerdo pueden hacer que hoy día reacciones de modo violento. He descubierto que por lo general el enojo tiene que ver más con las heridas de las personas que con su odio.

La Biblia dice: «Quítense de vosotros toda amargura, enojo, ira, gritería y maledicencia, y toda malicia. Antes sed benignos unos con otros, misericordiosos, perdonándoos unos a otros, como Dios también os perdonó a vosotros en Cristo» (Efesios 4.31-32). También dice que si no hacemos eso, entristecemos al Espíritu Santo.

No encontrarás paz, restauración ni realización si alimentas un espíritu de ira. Cada vez que te enojes darás un paso atrás de donde quieres ir o estar, y evitará que tus oraciones sean contestadas.

Si sientes que has sucumbido al escollo de la ira, habla al diablo con voz alta de autoridad, diciendo: «Espíritu de ira, identifico tu presencia y rechazo tu control en el nombre de Jesús. Proclamo que no tienes poder sobre mí, y el único con quien me enojaré serás *tú*. Me niego a dejar que guíes mi vida por medio de mis arrebatos de ira. Proclamo que Jesús es Señor sobre mi vida, y que Él gobierna mi mente, alma y espíritu. Ira, vete en el nombre de Jesús». Luego alaba a Dios en voz alta y agradécele porque Él es más poderoso que cualquier espíritu de engaño.

Tenemos tres alternativas con la ira: le damos rienda suelta hacia otros, lo que nos lleva a la destrucción; la llevamos por dentro, lo que nos enferma físicamente y nos deprime; o la dirigimos correctamente hacia el diablo. Es claro que la decisión es nuestra.

Rechaza el escollo de la confusión

Mientras escribía este libro desperté una mañana y todo parecía desarticulado. No veía propósito ni futuro. Me sentía ausente y sin esperanza acerca de mi familia, como si no estuviera conectada con ella. Me sentía insatisfecha con todo: donde vivo («Es hora de mudarnos»); mi matrimonio («¿Quién es la persona con quien estoy casada?»); mis amistades («¿Le importo realmente a alguien?»); mis escritos («¿Cómo puedo tener algo que decir?»). Nada era emocionante. Todo parecía sin sentido. No me podía asir de nada.

¿Por qué me siento así de repente? ¿De dónde viene esto? —le pregunté al Señor—. *Sé que no viene de ti, Dios. ¿Qué cambió?*

Había estado bien el día anterior. Entonces, ¿qué sucedió durante la noche? Recordé. Los dos niños recibieron la invitación de unos amigos a salir después de cenar, para compartir actividades nocturnas, dando lugar a que Michael y yo tuviéramos la rara oportunidad de salir solos. Decidimos ir al cine y revisamos la sección de teatros en el periódico.

«Estas tienen clasificaciones indeseables. Esta es demasiado violenta. Esta es tonta. Esta está llena de basura sexual», dije mientras eliminaba una película tras otra.

Eso nos dejaba una posibilidad, pero no sabíamos nada de ella. Miré todas mis críticas de películas, las que colecciono para saber si son aptas para el consumo humano, y no encontré información sobre esta.

«Bueno, no tiene una clasificación restringida. ¿Qué tan mala puede ser?», concluimos. Al menos estaremos juntos.

La película era una comedia que incluía una aventura amorosa de la esposa solitaria de un hombre adicto al trabajo. Aunque esa parte no se mostraba explícita en la escena, me intranquilizaba que algo tan opuesto a los caminos de Dios se presentara como transparente y aceptable.

Mirando hacia atrás, creo que el exponerme a los valores de esa película, aunque no los había adoptado, abrió el camino para un espíritu de confusión. Estoy segura de que al otro día me habría sentido diferente si hubiéramos salido del teatro al primer empujón del Señor. Según ocurrió, el flujo puro del Espíritu Santo que había estado disfrutando se corrompió con la contaminación del mundo, y mi insatisfacción con todo lo que Dios me había dado en la vida era un claro indicio de que eso había invadido mi corazón.

¿Mera coincidencia? ¿Estaba simplemente muy impresionable? No lo creo. Así como el cajero del banco aprende a reconocer el dinero falso al palpar día tras día dinero verdadero, yo he aprendido a reconocer espíritus falsos al pasar tiempo en la presencia del Espíritu Santo. Lo que invadió mi alma no era del Señor; era el espíritu de confusión que impregnaba esa película.

La confusión es algo en lo que podemos caer y pensar que se debe a que algo está mal con *nosotros*. Sin embargo, generalmente se debe a que hemos caído bajo la influencia del autor de la confusión: Satanás. Aunque la vida pueda ser complicada, no estará acompañada por confusión si Jesús está al mando.

La confusión y la perspectiva del mundo

La confusión es una falta de orden adecuado, es la indiscriminada mezcla de cosas distintas y es estar confundido mentalmente. *La confusión se origina al mezclar la oscuridad con la luz.* Es cualquier cosa fuera del orden divino o de la sincronización con Dios. Hoy día hay toda clase de confusión en el mundo porque a lo malo se le considera bueno y se rechaza lo bueno. La vida se ha vuelto desconcertante y lo único que atraviesa la confusión es la presencia del Señor y el mensaje de su verdad.

La confusión es un espíritu y es bueno reconocer esto. Todo el mundo, incluso quien camina íntimamente con el Señor, es susceptible a su ataque. La Biblia dice: «Dios no es Dios de confusión, sino

Lo que la Biblia dice acerca de la confusión

No que haya otro, sino que hay algunos que os
perturban y quieren pervertir el evangelio de Cristo.
Gálatas 1.7

El que os perturba llevará la sentencia,
quienquiera que sea.
Gálatas 5.10

Temo que como la serpiente con su astucia engañó a
Eva, vuestros sentidos sean de alguna manera
extraviados de la sincera fidelidad a Cristo.
2 Corintios 11.3

¡Ay de los que a lo malo dicen bueno,
y a lo bueno malo; que hacen de la luz tinieblas,
y de las tinieblas luz; que ponen lo amargo
por dulce, y lo dulce por amargo!
Isaías 5.20

Tus ojos mirarán cosas extrañas,
y tu corazón hablará perversidades.
Proverbios 23.33

de paz» (1 Corintios 14.33). Si Él está completamente a cargo de toda área de tu vida, la claridad, la sencillez y la paz son consecuencias inmediatas. Si no, la vida se vuelve confusa, incontrolada, complicada y desordenada.

¿Cómo me expongo a la confusión?

No tienes que ver una mala película para confundirte. Demasiadas opiniones externas, cuando deberías estar escuchando solo a Dios, te causarán confusión. Oponerse de algún modo a la Palabra de Dios invitará espíritus de confusión a morar en tu vida. La Biblia dice que beber alcohol trae confusión, pero también producirá confusión «ingerir» *cualquier cosa* que no sea de Dios, como chisme, malas palabras, promiscuidad, drogas, televisión, películas y revistas contaminadas con mentalidad mundana. Nos confundimos cuando en nuestra vida intentamos mezclar elementos que no se unen. Por ejemplo, asistimos a la iglesia, diezmamos, ayunamos y oramos, y sin embargo nos entretenemos fantaseando un poco con el apuesto asistente del pastor o con esa persona atractiva en el trabajo.

Toda lujuria de la carne trae confusión: «Donde hay celos y contención, allí hay perturbación y toda obra perversa» (Santiago 3.16). Es más, demasiado enfoque en nosotros mismos siempre invita un espíritu de confusión.

¿Cómo me deshago de la confusión?

Cuando te confundes puedes tomar decisiones insensatas o rápidas basadas en un marco de referencia incorrecto; o podría paralizarte el proceso de pensamiento para que no seas capaz de tomar ninguna decisión en absoluto. En ambos casos te ayudará recordar que *rotundamente no debes vivir con confusión*. Llévala ante Dios. Ora por cada aspecto de ella. Di: «Señor, no quiero vivir en confusión. sé que *no* viene de ti. Sé que el poder, el amor y el dominio propio *son* tuyos. Sé que tus caminos son sencillos. Somos *nosotros* quienes complicamos todo. Señor, muéstrame tu verdad sencilla acerca de lo que estoy sintiendo y pensando. Muéstrame dónde he abierto la puerta para dejar que la confusión entre a mi vida, de tal manera que pueda confesarla delante de ti como pecado y ser limpia. Reprendo el espíritu de confusión y declaro que *no* tiene poder en mi vida. Por la autoridad que tengo en Jesucristo ordeno que te vayas. Te alabo Señor, y te agradezco por la sabiduría, claridad y sencillez que hay en Cristo».

Después de hacer esa oración, empieza a adorar y alabar a Dios hasta que pienses claramente de nuevo. La confusión no puede coexistir con la presencia de Dios. Por eso la adoración, la alabanza y la acción de gracias son las mejores armas para disolverla.

Cuando caes bajo confusión se comprometen seriamente tu salud emocional, tu bienestar y tu crecimiento en el Señor. Asegúrate de caminar en obediencia a los caminos de Dios y pídele que te ayude a evitar esa dificultad.

Rechaza el escollo de la crítica

Esta es la mentira que secretamente queremos creer cuando criticamos a otros: «*Soy mejor que ellos*». Pero en realidad nuestro temor es: «*Son mejores que yo*». El engaño que llega bajo esto es pensar que cualquiera, menos Dios, tiene el derecho de enjuiciar a otra persona.

Antes solía criticar mucho a las personas, analizándolas mentalmente para ver si eran mucho mejores que yo, según temía. No había gozo en eso porque incluso me criticaba más a mí misma. Sin embargo, leí: «Con el juicio con que juzgáis, seréis juzgados, y con la medida con que medís, os será medido» (Mateo 7.2). Juzgar a la gente por mis propias limitaciones no solo era limitar lo que Dios podía hacer en mi vida sino también invitar al juicio sobre mí misma.

Cómo hacer salir un espíritu de crítica

Quienes hemos sido maltratados de niños a menudo llegamos a ser críticos y sentenciosos. Ser derribados de jóvenes nos hace derribar a alguien más para obtener valía. Nos volvemos implacables porque no nos mostraron misericordia.

Criticar a otros se vuelve rápidamente un mal hábito que puede detonar. Criticar constantemente, aunque sea solo en la mente, invita a un espíritu de crítica. Cuando tienes un espíritu de crítica, este influye en tus pensamientos y tus palabras. Finalmente te vuelves cínica e incapaz de experimentar gozo total. Criticar circunstancias o condiciones puede ser tan perjudicial como criticar individuos, porque te conviertes en gruñona y quejumbrosa (la clase de persona que por lo general la gente evita). Es difícil encontrar el amor y el apoyo que necesitamos para la sanidad emocional cuando nadie quiere estar a nuestro alrededor.

La crítica expulsa el amor de nuestros corazones. «Si tuviese profecía, y entendiese todos los misterios y toda ciencia, y si tuviese toda la fe, de tal manera que trasladase los montes, y no tengo amor, nada soy» (1 Corintios 13.2). Sin amor en nuestros corazones no podemos crecer emocionalmente y nuestra sanidad y desarrollo se paralizará. Sin embargo, podemos echar fuera la crítica al estar constantemente llenos del amor del Señor por medio de una actitud de alabanza y agradecimiento hacia Él.

Si aprendiste a criticar desde la infancia debes controlar tu boca y tu corazón. Aprende a reconocer el carácter molesto y desagradable de un espíritu crítico, y reemplaza voluntariamente palabras y pen-

Lo que la Biblia dice acerca de la crítica

Ninguno de vosotros piense mal en su corazón
contra su prójimo.
Zacarías 8.17

Así hablad, y así haced, como los que habéis de
ser juzgados por la ley de la libertad. Porque juicio
sin misericordia se hará con aquel que no
hiciere misericordia; y la misericordia
triunfa sobre el juicio.
Santiago 2.12-13

Ninguna palabra corrompida salga de vuestra boca,
sino la que sea buena para la necesaria edificación, a
fin de dar gracia a los oyentes.
Efesios 4.29

El que de vosotros esté sin pecado sea el primero
en arrojar la piedra contra ella.
Juan 8.7

Ante todo, tened entre vosotros ferviente amor;
porque el amor cubrirá multitud de pecados.
1 Pedro 4.8

samientos críticos por aquellos que reconozcan lo bueno en otras personas y situaciones.

Si reconoces en ti una tendencia grave y casi compulsiva hacia la crítica, ora: «Dios, no quiero que un espíritu de crítica controle mis pensamientos y mis palabras. Comprendo que tú, Señor, eres el único que conoce toda la historia en cualquier situación. No tengo el derecho de juzgar a otros. Hazme una persona misericordiosa, que no critique, no condene ni se queje. Gracias por tu perdón. Ayúdame a extender ese mismo perdón a otros».

Hice esa oración, y ahora Dios me ayuda a ver lo bueno, o el potencial de grandeza en todo el mundo. No es que no reconozca el pecado de alguien, sino que ahora comprendo que no tengo el derecho de juzgar o criticar a esa persona por eso. Puedo orar, confrontar y decir la Palabra de Dios a esa persona, pero no puedo estar criticando o señalando sus faltas.

Pide a Dios que te dé un corazón misericordioso hacia otros. Tener un espíritu crítico puede cortar las vías de la bendición e impedir que te conviertas en la persona realizada que deseas ser.

Rechaza el escollo de la negación

Mi madre mentalmente enferma creía que *ella* era normal y que algo estaba mal con todos los demás. Estaba engañada. Mi padre sabía que ella no era normal pero no hizo lo que debía hacer al respecto. No buscó ayuda siquiátrica por temor a que la internaran de por vida en un hospital mental como los de las películas de terror que había visto en su juventud. Él decidió hacer caso omiso del problema con la esperanza de que algún día «desapareciera» de modo milagroso. Papá vivió en negación.

Estás engañada cuando crees una mentira y no te das cuenta que la creíste. Por otra parte, sufres de negación cuando conoces la verdad pero prefieres vivir como si no la supieras. Negación es engañarse uno mismo.

Cyndie, una joven cuyo padre tenía frecuentemente sexo con ella pero golpeaba a otros miembros de la familia, creía que él era su aliado. Ella aprendió a negar que el sexo entre padre e hija era malo puesto que esta era la única manera en que podía sobrevivir en la familia. La muchacha era muy débil e indefensa para enfrentar la verdad.

Se necesitó un año de terapia para que Cyndie finalmente admitiera que su padre le había fallado y que la relación era pecaminosa. Esto abrió el camino para que perdonara a su padre, a lo que antes se había negado y veía innecesario, para recibir finalmente la sanidad de Dios.

Vivir en negación es vivir una mentira. Significa que nos negamos a que los hechos nos convenzan aun cuando estamos conscientes que hacen sentido. Nos decimos: «Si pretendo que esto no está sucediendo, desaparecerá», o «si repito que esto es otra cosa, lo será». Esta medida autoprotectora se viene abajo cuando las cosas parecen estar completamente fuera de control. Para sobrevivir, bloqueamos la situación de nuestra mente o negamos su existencia.

Se necesita que el Espíritu de verdad divina penetre las tinieblas del autoengaño. A menudo no funciona solo confrontar a alguien que vive en negación. Arrancar esta forma de supervivencia es arrancar la carne del hueso. El dolor es insoportable. No es un simple asunto de quitar la piel muerta; esta falsa piel está profundamente adherida y crece junto con la carne verdadera. Debe haber sanidad en el interior para que se separe lo que se ha adherido desde el exterior. Cualquier confrontación con alguien en profunda negación debe estar precedida de mucha oración y ser *guiada* por el Espíritu Santo.

El enfrentamiento de la verdad

Muchas personas no quieren pasar nada de tiempo tratando con el pasado. A menudo citan el pasaje bíblico en que Pablo dice: «Olvidando ciertamente lo que queda atrás, y extendiéndome a lo que está delante» (lee Filipenses 3.13). Lo que el apóstol quiere decir es que no debemos estar viviendo en el pasado del que fuimos *liberados*. Pero no podemos ser libres de algo que no hemos llevado ante la plena iluminación de Dios y que no hemos expuesto como lo que es. Solo si hacemos eso encontraremos sanidad y solo entonces podemos perdonar y seguir adelante.

Si vives en negación de cualquier cosa te mantendrás volviendo una y otra vez al mismo problema. Te preguntarás: «¿Por qué no cambia esta situación? ¿Por qué no puedo salir de ella?» La respuesta será que no se le ha permitido al Espíritu de verdad que brille sobre la situación.

Debemos mirar nuestras vidas y hacernos los siguientes planteamientos. Mientras pasas por esta introspección, pide a Dios que te revele cualquier lugar en tu vida donde estés negando la verdad. Luego saca a relucir la Palabra de Dios sobre esa situación. Salmos 145.8-9 nos dice: «Clemente y misericordioso es Jehová, lento para la ira, y grande en misericordia. Bueno es Jehová para con todos».

Piensa en cómo te sientes:

1. La última vez que me sentí desdichada me sucedió lo siguiente (por ejemplo, mi esposo se había ido en un viaje de negocios):

2. La época anterior a eso sucedió lo siguiente (mis amistades más íntimas salieron el fin de semana y no me llevaron):

3. Cuando era niña me ponía triste cuando (papá se ausentaba por largos períodos):

4. ¿Hay algo similar sobre los acontecimientos de todas estas situaciones? (tiendo a sentirme sola y abandonada cuando mi esposo o mis amigos se van porque mi padre se iba muy a menudo):

5. Podría sentirme infeliz porque (me siento abandonada):

Piensa en tus relaciones:

1. La última vez que no estuve de acuerdo con mi cónyuge o con una amistad fue porque (por ejemplo, pusieron en duda mi juicio acerca de algo como si yo no pudiera tomar una decisión sensata):

2. Me siento infeliz en mi trabajo porque mi jefe (quiere saber todos lo detalles de lo que estoy haciendo, como si estuviera vigilándome):

3. Cuando niña me enojaba con mis padres cuando (me interrogaban incesantemente acerca de dónde había estado y qué había estado haciendo):

4. Algo de mi enojo con mi cónyuge o con mi jefe se podría relacionar en mi pasado con (los esfuerzos de mi padre por controlar todo lo que hacía):

Piensa en tu relación con Dios:
1. Pienso que Dios es (por ejemplo, quien impone una férrea disciplina y espera que sea perfecta):

2. Pienso de mi padre o mi madre como (distantes y que siempre esperan demasiado de mí):

3. Mi relación con mi padre (o madre) podría estar influyendo mi relación con Dios de las siguientes maneras:

El palpar la realidad acerca de ti, de tu vida y de tu pasado es crucial para tu sanidad. Mientras más continúes negando un problema, más tiempo te llevará conseguir la restauración total. Si papá hubiera enfrentado el problema de mi madre, quizás un buen siquiatra habría ayudado a vencer el mal de ella por medio de consejería y medicamentos. Tal vez no hubieran transcurrido todos esos años de miseria y destrucción.

No le des lugar a la negación

Dios es el único que puede librarnos de la negación. Por eso debemos orar con frecuencia: «Señor, manténme fuera del error y ayúdame a no negar tu verdad. Si hay algún lugar en mi vida en que me he estado engañando a mí misma, haz que la luz de tu Palabra brille sobre eso y permite que el Espíritu de verdad gobierne allí. Muéstrame dónde he racionalizado algo que debí haber enfrentado. ¿Dónde metí debajo de la alfombra algo que debí haber sacado? ¿Dónde me he justificado cuando simplemente debí confesar? Por favor, muéstramelo todo porque quiero conocerte de verdad».

Recuerda que el pecado es perder el blanco. Si pensamos que no cometemos errores, ¿a quién engañamos? Conozco a alguien que cuando algunas amigas la confrontaron acerca de una posible negación en su vida, fue ante otras amigas que no conocían la situación e inventó un caso para lo que ella quería creer en vez de ir ante Dios y orar: «Muéstrame la verdad, Señor. Si lo que esas personas están diciendo es verdad, ayúdame a verla. Si no es cierto, *ayúdales* también a

Lo que la Biblia dice acerca de la negación

He aquí, tú amas la verdad en lo íntimo,
y en lo secreto me has hecho comprender sabiduría.
Salmos 51.6

No tengo yo mayor gozo que este,
el oír que mis hijos andan en la verdad.
3 Juan 4

Conoceréis la verdad, y la verdad os hará libres.
Juan 8.32

La ira de Dios se revela desde el cielo contra
toda impiedad e injusticia de los hombres
que detienen con injusticia la verdad.
Romanos 1.18

Cuando venga el Espíritu de verdad,
Él os guiará a toda la verdad.
Juan 16.13

ellas a verla». Cuando dependemos de mentiras para aislarnos del dolor no necesitamos depender de Dios, y esto siempre evitará que experimentemos todo lo que Él tiene para nosotros.

De una u otra manera *todos* somos víctimas del autoengaño. Lo hacemos muy bien. Por eso no debemos criticar a alguien que vive en negación. Solo podemos reconocer el hecho y orar porque se abran los ojos de esa persona. Sin embargo, podemos caer presa del autoengaño simplemente si no buscamos que la luz de Dios brille en nuestras vidas. Ora a menudo porque el poder de Dios penetre cualquier forma de negación que haya en ti.

Rechaza el escollo de la depresión

La mentira que creemos cuando nos sentimos deprimidos es: *No puedo vivir con la manera en que está mi situación y soy impotente para cambiarla.* Cuando el desánimo de esa creencia se establece en nosotros como una niebla espesa no podemos ver ninguna salida de la oscuridad. El engaño está en pensar que nuestra situación no tiene esperanza. Este pensamiento puede ser tan sutil que ni siquiera nos daremos cuenta del engaño hasta que caemos en total depresión.

Marca cualquiera de las declaraciones que aparecen a continuación que muestren sensaciones que hayas tenido en el último año:

μ Me he consumido a fuerza de gemir; todas las noches inundo de llanto mi lecho, riego mi cama con mis lágrimas. Mis ojos están gastados de sufrir. (Salmos 6.6-7)

μ Ningún reposo ha tenido mi cuerpo, sino que en todo he sido atribulada. (2 Corintios 7.5)

μ Mi alma está muy triste, hasta la muerte. (Mateo 26.38)

µ ¿Hasta cuándo pondré consejos en mi alma, con tristezas en mi corazón cada día? (Salmos 13.2)

µ Ha perseguido el enemigo mi alma; ha postrado en tierra mi vida; me ha hecho habitar en tinieblas como los ya muertos. (Salmos 143.3)

µ Mi espíritu se angustió dentro de mí; está desolado mi corazón. (Salmos 143.4)

Si marcaste alguna de estas declaraciones definitivamente has estado deprimida. Si lo has estado, conoces estas sensaciones: Noches de insomnio, yacer despierta con fuertes latidos del corazón, sentirte débil y abatida como si te estuvieras hundiendo en un hueco profundo y oscuro, mirarte en el espejo la mañana siguiente y no encontrar luz en tu rostro ni brillo en tus ojos, comprender que la gente no quiere estar a tu alrededor, sentir como si no pudieras conectarte emocionalmente con nadie. Así se han sentido muchas personas que aman a Dios. La mayoría de estas citas bíblicas las escribieron dos grandes hombres que fueron amigos de Dios: David, exterminador de gigantes y rey, y el apóstol Pablo. Ambos descubrieron que Dios es la respuesta definitiva a su depresión. Es obvio que la depresión no es desconocida para el Señor.

Uno de los engaños más grandes acerca de la depresión es pensar que eres la única que se ha sentido deprimida. Millones de personas están deprimidas hoy día y se sienten exactamente como se sintieron esos individuos hace miles de años. Quizás esa realidad no reduzca tu depresión, pero al menos sabes que no estás sola.

Algunos síntomas comunes de la depresión son sueño agitado, dormir demasiado, fatiga constante, pérdida de peso, aumento excesivo de peso debido a la ingestión compulsiva de alimentos, mala concentración y mala memoria, alto grado de autocrítica, dificultad extrema para tomar hasta las decisiones más insignificantes, pensamientos de suicidio, inclinación al aislamiento, actitud negativa, sentimientos de fracaso, incapacidad de terminar algo, sensación de abatimiento aun ante la más mínima presión, ser presa de la tristeza y el desánimo, o incapacidad de cumplir las tareas más sencillas.

Algunas de nosotras vivimos con tantas sensaciones de estas que empezamos a aceptarlas como parte de la vida. Pero no lo son. La depresión no es la voluntad de Dios para nuestras vidas. Yo luché con la depresión hasta principios de mis treinta. Sentir total desesperanza de que algo fuera diferente alguna vez en mi vida me llevó al punto del suicidio. Mi primera liberación importante después de llegar ante el Señor fue de la depresión. Las enormes cantidades de pecado no confesado en mi vida me habían separado de la presencia y del poder de Dios. Cuando hoy día me amenaza la depresión, reconozco que hay algo desordenado en mi vida o en mi mente, y lo llevo de inmediato al Señor.

Toma acción contra la depresión

Tu depresión aumentará a menos que des pasos definitivos para detenerla.

Ya sea que luches con rachas esporádicas de depresión, o ahora mismo estés deprimida, te sugiero que vayas ante el Señor y le hagas las mismas preguntas que yo le hago:

1. *¿Hay algún problema físico que podría estar causando esto?* La depresión se puede originar por muchas condiciones físicas, como: cambios hormonales, períodos menstruales, síndrome premenstrual, menopausia, falta de sueño, drogas, alcohol, ciertos medicamentos, esfuerzo exagerado, enfermedad, falta de ejercicio, fatiga, alergias y malos hábitos alimentarios. Pide a Dios que te muestre si algo físico está causando tu depresión o contribuyendo a ella.

2. *¿Hay alguien o alguna circunstancia que esté causando esta depresión?* Podría haber una razón tangible para tu depresión. Por ejemplo, te podría afectar que tengas en casa una persona muy negativa y deprimida. Si este es el caso, pregunta a Dios qué puedes hacer para alterar la situación. ¿Puedes hablar con la persona o hacer algo para cambiar las cosas? ¿Hay alguna posibilidad que no has visto o no has imaginado? A veces la depresión señala que es necesario un cambio. Pide a Dios que te muestre las cargas que no deberías estar llevando y los cambios que deberías hacer.

3. *¿Hay algún pecado que no he confesado?* A veces la causa de la depresión es externa (estar expuestos a algo impío). Otras veces es un ataque del diablo (especialmente cuando Dios está haciendo una obra poderosa en tu vida). Pero la mayoría de las veces la causa son acciones o pensamientos perversos (una respuesta inadecuada a una persona o una situación). Es necesario confesar todo sentimiento negativo o mala actitud, *especialmente la falta de perdón.* Eres tú quien sufre depresión debido a eso, por tanto pide a Dios que te muestre cualquier área donde debas arrepentirte.

4. *¿He orado por mi depresión?* Una de las trampas o engaños más grandes de la depresión es pensar que no tienes control sobre ella. Muy a menudo no oramos porque la aceptamos como parte de la vida en vez de reconocerla como una enfermedad emocional similar al resfriado o la gripe, que necesitan atención antes de que se conviertan en una infección más grave. Debes decirle a Dios exactamente cómo te sientes y pedirle que se lleve tu depresión.

Recuerda que *el Señor está de tu parte y que el diablo es tu enemigo.* El pastor Jack me enseñó: «Tienes que esperar a los pies de Jesús en medio de la oscuridad. Por larga u oscura que sea la noche, si perma-

Lo que la Biblia dice acerca de la depresión

Luego que clamaron a Jehová en su angustia, los libró de sus aflicciones; los sacó de las tinieblas y de la sombra de muerte, y rompió sus prisiones.
Salmos 107.13-14

Cuando yo decía: Mi pie resbala, tu misericordia, oh Jehová, me sustentaba. En la multitud de mis pensamientos dentro de mí, tus consolaciones alegraban mi alma.
Salmos 94.18-19

Claman los justos, y Jehová oye, y los libra de todas sus angustias. Cercano está Jehová a los quebrantados de corazón; y salva a los contritos de espíritu.
Salmos 34.17-18

Los que esperan a Jehová tendrán nuevas fuerzas; levantarán alas como las águilas; correrán, y no se cansarán; caminarán, y no se fatigarán.
Isaías 40.31

neces a los pies del Señor, Él se la llevará en la mañana». Salmos 30.5 dice: «Por la noche durará el lloro, y a la mañana vendrá la alegría».

Si despiertas en la noche con tu corazón palpitando con fuerza por el miedo o la depresión, levántate inmediatamente, anda a tu cuarto de oración, ora y lee la Palabra de Dios. Vuelve a dormir cuando puedas y luego continúa orando al día siguiente. A menudo cuando las personas no obtienen una respuesta inmediata a sus oraciones dejan de acercarse a Dios e intentan resolver las cosas por sí mismas. No procedas así.

5. *¿Qué mentiras estoy escuchando?* Si estás deprimida quizás hayas aceptado una mentira como verdad; generalmente una mentira acerca de ti misma: «Soy un fracaso. No sirvo para nada. No lo lograré. Soy fea». Sin embargo, todo esto está en oposición directa a la Biblia, la cual dice que tienes dones y talentos especiales. El hecho de que el mundo no haya reconocido tus dones en este momento no significa que no estén allí o que no tengas valor. Disipa las mentiras con la verdad de la Palabra de Dios.

6. *¿Qué promesas de Dios puedo citar en voz alta para resumir su perspectiva en relación conmigo y mi situación?* La Palabra de Dios dice: «La congoja en el corazón del hombre lo abate; mas la buena palabra lo alegra» (Proverbios 12.25). Esta buena palabra podría venir de un pastor, una amiga, un miembro de tu familia, o una amable persona en la calle, pero no podemos depender de los seres humanos. La buena palabra que alegrará de verdad tu corazón vendrá del Señor a través de *su* Palabra. Hay gran abundancia de ellas; en este capítulo apenas he enumerado algunas. Cuando encuentres una promesa o mensaje donde Él habla a tu situación, subráyalo o escríbelo en un papel y pégalo en el espejo de tu baño. Dilo en voz alta cuando

te sientas deprimida. Aunque sientas que no ocurre nada, continúa diciendo en voz alta la Palabra de Dios; finalmente tu espíritu y tu alma responderán a la esperanza y la verdad.

También es bueno adaptar una Escritura a tu situación, diciéndola en voz alta, como esta:

Cuando *yo* pase por las aguas, *tú* estarás *conmigo*; y si por los ríos, no *me* anegarán. Cuando pase por el fuego, no *me* quemaré, ni la llama arderá en *mí* (Isaías 43.2). [Cursivas añadidas para mostrar cómo personalizar una Escritura.]

7. *¿Cuánto he alabado, adorado y agradecido a Dios en medio de mi depresión?* Estar deprimida es una señal de que tu personalidad se ha ido hacia tu interior y se ha enfocado en sí misma. Uno de los pasos más saludables para dar es enfocarse externamente en Dios mediante la alabanza. Deja todo lo que estás haciendo y di: «Te alabo Señor. Te adoro. Te agradezco. Te glorifico. Te amo. Exalto tu nombre. Me niego a dejar que la depresión se asiente en mi vida, y te alabo, Señor, porque tu gozo es mi fortaleza». Agradecerle por todo lo que puedas pensar es el mejor medio de detener la corriente de maltrato propio que se cruza por tu cabeza.

También descubrí que aplaudir y cantar alabanzas al Señor es inmejorable para descansar de un espíritu de pesadumbre. Esto es lo último que deseas hacer cuando estás deprimida, pero debes decidir que *no* quieres la depresión y que *sí* quieres lo que Dios tiene para ti. No renuncies hasta que hayas ganado esta batalla.

Cuando nada ayuda

Si te hiciste estas preguntas e hiciste todo lo que se ha sugerido, pero aun sigues deprimida, entonces debes ver un consejero cristiano. Si no puedes conseguir una cita de consejería en una semana a partir del martes, oblígate a levantarte cada mañana y hacer por lo menos dos actividades. Podrías lavar los platos, tender la cama, arrancar algunas malezas del patio, barrer el garaje, poner una carga de ropa en la lavadora, lavar tu auto o limpiar un cajón. Cualquier cosa que sea, hazla, y no te preocupes de nada más en este momento. Toma luego tu Biblia, siéntate con el Señor y consuélate con el hecho de que tu vida tiene un poco de orden y que has logrado algo.

Además, no permitas que personas no muy bien intencionadas y con pretensiones de superioridad te convenzan de que si en realidad hubieras nacido de nuevo no estarías deprimida. ¡Sugiéreles que le digan eso al rey David y al apóstol Pablo!

Gracias a Jesús, *puedes* vencer la depresión.

Rechaza el escollo de la envidia

Hace años fui a la casa de una amiga y me sorprendió lo mucho que disfruté la amplitud, la claridad y la frescura de su hogar. Pensé: *Esto es lo que me gustaría algún día*. No quería *su* casa. No me sentí triste o con resentimiento de que *ella* tuviera la casa. No fui a mi hogar a odiar *mi* casa. No dije: «¡Debo tener inmediatamente una casa como esa!», sino que pensé: *me gustaría esa calidad en una casa, y si algún día tuviera una oportunidad, la escogería*. Diez años después, cuando Michael y yo buscábamos otra casa a dónde mudarnos, escogimos una con muchas claraboyas y ventanas, lo que le daba aquella misma sensación de amplitud. Reconocí lo bueno que otra persona tenía, pero no se lo envidié.

Aspiro a ser tan buena escritora como algunos de mis escritores favoritos. Pero no quiero recibir crédito por escribir sus libros. Tampoco añoro que las personas digan que soy mejor que esos escritores. Seguramente tampoco quiero copiar su estilo y no deseo que ellos fracasen. Solo quiero poder llegar a la gente con la misma profundidad e impacto con que ellos lo hacen. Admiro, pero no envidio.

Si me sintiera acongojada cada vez que entrara a una casa ajena mejor que la mía, o si me sintiera mal cada vez que leyera un libro nuevo y grandioso, entonces sería una envidiosa. Y la envidia destruye el alma.

Esta es la mentira que creemos cuando envidiamos lo de otros: «Necesito y merezco tener lo que esa persona tiene». Lo cierto es que todo lo que tenemos viene de Dios. Estar triste, insatisfecha o enferma por las posesiones o ventajas de otra persona es rechazar lo que Dios nos *ha* dado y lo que *puede* darnos. El engaño de la envidia es pensar que Dios no tiene suficiente para que nos lleguen esas posesiones. Lo que otra persona tiene se convierte entonces en una amenaza para nuestro bienestar.

El Nuevo Diccionario Bíblico describe la *codicia* como «deseo egoísta» y «en esencia, la adoración del yo». Esto en definitiva es idolatría y la *idolatría es la raíz de la envidia.* La Biblia dice que hagamos morir la «avaricia, que es idolatría» (Colosenses 3.5), porque debilita los propósitos de Dios en nuestras vidas. El escritor de Proverbios también clarifica esto: «El corazón apacible es vida de la carne; mas la envidia es carcoma de los huesos» (Proverbios 14.30).

La codicia destruye el corazón mismo de nuestro ser y hace que se desmorone nuestra fortaleza interior. Si la falta de perdón es el cáncer del alma, ¡entonces la envidia es la osteoporosis!

La delicada línea entre la envidia y la admiración

La envidia no fue parte de mi infancia porque de todas maneras no creía merecer nada. Siempre quise más de lo que tenía porque no tenía nada y me sentía apenada de mí misma por no lograr más. Pero no envidiaba a otros por tener más. Sin embargo, codiciaba las capacidades de otras personas para hablar o cantar. Mis problemas vocales de la infancia no mejoraban tanto como yo deseaba, y me sentía burlada.

Un día mientras leía la Biblia, el Señor habló a mi corazón por medio de un versículo que dice: «Donde hay envidias y rivalidades, también hay confusión y toda clase de acciones malvadas» (Santiago 3.16, NVI). Fue como si el Señor señalara mi corazón y dijera: «Ahora mismo tienes confusión en tu vida por la envidia y el egoísmo que hay en tu corazón».

Cuán avergonzada me sentí. ¿*Yo*? ¿Tener envidia? Pero sabía que mi constante evaluación con otros era la semilla de la que crece la envidia. No podía vivir en paz si dependía de ella.

Para ser libre tuve que hacer cuatro cosas:

- Hacer un inventario de todo lo que Dios me había dado y estar agradecida por eso.

- Aceptar mis limitaciones y evitar terminantemente compararme con otros.

- Obligarme a agradecer a Dios por los talentos, dones y habilidades de otras personas.

- Recordarme cuál era *mi* llamado de parte de Dios y no exigir el de otros.

Fue un asunto de poder decir: «Señor, tú me creaste y sabes lo que me satisfacerá. Perdóname por codiciar los dones de otras personas. Libérame de la esclavitud de la envidia y de la agonía de desear cualquier cosa que no sea mía. Comprendo que lo que tienes para mí es mejor que todo lo que pueda codiciar para mí».

Para determinar si lo que sientes es envidia o admiración debes evaluar sinceramente tus motivaciones. Marca las afirmaciones que apliquen a tus actitudes actuales:

μ Constantemente me comparo con otros.

μ Me siento bien secretamente cuando alguien falla o le sucede algo malo.

μ Cuando veo lo bien que alguien hace algo, en vez de apreciarlo inmediatamente me reprendo por no ser tan buena.

μ No me gusta estar rodeada de ciertas personas porque sus talentos, apariencia o posesiones me hacen sentir inferior.

μ Me siento mal cuando mis amigos o vecinos consiguen algo nuevo (auto, ropa, muebles).

μ Cuando veo que alguien obtiene algo nuevo siento que debo tener eso mismo.

μ Cuando noto malas cualidades en cierta persona también quiero que otros las vean.

μ No me gusta visitar gente que vive en una casa mejor porque esto me hace sentir que mi casa no es tan buena.

Si marcaste alguna de estas declaraciones, la envidia está intentando atrapar tu corazón. Ponle fin, arrepiéntete y deja que se vaya.

La envidia pondrá enormes limitaciones a tu vida. Si envidias lo que tiene otra persona, o nunca lo obtendrás o lo tendrás y no te satisfará. La Biblia pregunta: «¿Quién podrá sostenerse delante de la envidia?» (Proverbios 27.4). En realidad, ¿quién puede vivir con ella y no sentir su peso abrumador? Ya sea *dentro* de ti o dirigida *contra* ti, la envidia es maligna. Satanás cayó del cielo por querer lo que

Lo que la Biblia dice acerca de la envidia

Dios los entregó a una mente reprobada, para hacer cosas que no convienen; estando atestados de toda injusticia, fornicación, perversidad, avaricia, maldad; llenos de envidia, homicidios, contiendas, engaños y malignidades [...] que los que practican tales cosas son dignos de muerte.

Romanos 1.28-29,32

Nosotros también éramos en otro tiempo insensatos, rebeldes, extraviados, esclavos de concupiscencias y deleites diversos, viviendo en malicia y envidia, aborrecibles, y aborreciéndonos unos a otros.

Tito 3.3

Habiendo entre vosotros celos, contiendas y disensiones, ¿no sois carnales, y andáis como hombres?

1 Corintios 3.3

El amor no tiene envidia.

1 Corintios 13.4

No codiciarás la casa de tu prójimo, no codiciarás la mujer de tu prójimo, ni su siervo, ni su criada, ni su buey, ni su asno, ni cosa alguna de tu prójimo.

Éxodo 20.17

Dios tenía. También será tu perdición si la albergas, y nunca te convertirás en quien Dios diseñó que fueras. Encuentra la paz al saber que todo lo que tienes viene del Señor.

Rechaza el escollo del miedo

El miedo era el factor dominante de mi vida antes de recibir a Jesús: miedo al fracaso, al daño físico, a recibir heridas emocionales, a volverme vieja, a no ser alguien. Me había sobrevenido un espíritu paralizador, atormentador y envolvente de miedo, llevando en su compañía espíritus de suicidio, desesperación, preocupación y desesperanza. A medida que luchaba por evitar ahogarme en mis temores se me acababan las fuerzas. Gradualmente mi temor a vivir superaba mi miedo a morir y el suicidio parecía ser un alivio agradable.

He oído muchas veces que F-E-A-R [miedo en inglés] significa Falsa Evidencia Aparentemente Real. Cuando el diablo presenta falsa evidencia y hace que parezca verdadera, no podemos decidir entre escuchar sus mentiras o creerle a Dios.

Uno de los más grandes temores para alguien que recibió daños emocionales cuando era niño es el miedo a las opiniones ajenas. Nuestros temores nos dicen: «No le gustaré a los demás cuando descubran cómo soy realmente». Pero Isaías 51.7 nos dice: «No temáis afrenta de hombre, ni desmayéis por sus ultrajes». Por causa de Jesús *no* tenemos que vivir con temor a las opiniones ajenas.

A menudo las personas emocionalmente afectadas también tienen miedo al daño físico. Yo solía tener miedo a permanecer sola aun a la luz del día, y casi no podía dormir en la noche por temor a que todo el mal del mundo me cayera encima. Ahora no vivo con esa clase de temor porque he aprendido a vivir bajo la cubierta protectora de Dios.

La mentira que creemos cuando estamos asustados es: «Dios no puede cuidarme, de modo que me preocupo por mi seguridad». Seguramente hay mucho de qué temer en este mundo, pero cuando la fortaleza de ese temor es mayor que nuestra sensación de la presencia de Dios, un espíritu de miedo puede adherirse a nuestra personalidad. Creemos esta mentira más que las demás, si nos sucedieron cosas aterradoras y traumatizantes en la infancia. Pensamos que Dios no está en control de nuestra situación.

Lo contrario al miedo es la fe y generalmente interpretamos las circunstancias de nuestras vidas a través de lo uno o lo otro. El miedo nos hace vivir como si estuviéramos paralizados emocionalmente. Tememos no poseer suficiente, por tanto no damos. Tenemos miedo a que nos lastimen, por lo tanto dudamos en amar. Nos da temor que se aprovechen de nosotros, así que no servimos a los demás. Tememos el rechazo, por lo tanto no apretamos el paso para hacer lo que Dios nos ha llamado a hacer.

Qué hacer cuando tienes miedo

Comprender que el miedo no viene de Dios y que no tienes que vivir temiendo es el primer paso hacia tu libertad. He aquí algunas cosas más que puedes hacer cuando tienes miedo:

1. *Confiesa tu temor al Señor y pídele que te libere de él.* No niegues tu miedo. En lugar de eso, llévalo ante Dios y ora por liberación. Cuando te acercas a Él, su amor penetra tu vida y saca el temor.

Si te está controlando un fuerte temor, probablemente te está acosando un *espíritu* de miedo, al que debes echar fuera. En ese caso di: «Dios, confieso mi temor como pecado ante ti y te pido que me

Lo que la Biblia dice acerca del miedo

Busqué a Jehová, y él me oyó,
y me libró de todos mis temores.
Salmos 34.4

Aunque ande en valle de sombra de muerte,
no temeré mal alguno, porque tú estarás conmigo;
tu vara y tu cayado me infundirán aliento.
Salmos 23.4

En el amor no hay temor, sino que el perfecto amor
echa fuera el temor; porque el temor lleva en sí
castigo. De donde el que teme, no ha sido
perfeccionado en el amor.
1 Juan 4.18

Jehová es mi luz y mi salvación; ¿de quién temeré?
Jehová es la fortaleza de mi vida; ¿de quién he de
atemorizarme?
Salmos 27.1

No temas, porque yo estoy contigo; no desmayes,
porque yo soy tu Dios que te esfuerzo;
siempre te ayudaré, siempre te sustentaré
con la diestra de mi justicia.
Isaías 41.10

perdones por él. Fortalece mi fe en ti y en tu Palabra. Te ordeno espíritu de miedo que te vayas en el nombre de Jesús. Gracias Señor, porque no me has dado espíritu de temor sino de poder, amor y dominio propio. Inúndame con tu amor y limpia toda duda».

2. *Examina si en realidad hay un verdadero peligro y haz lo que puedas para remediar la situación.* Haz que otros oren contigo hasta que el peligro haya pasado y tengas paz al respecto.

3. *Comprométete a confiar ciegamente en el Señor durante siete días.* Decide que por una semana vas a creer que cada promesa en la Palabra de Dios es completamente cierta para ti. Lee cada día las promesas de la protección de Dios en el Salmo 91. Toma un versículo para repetirlo en voz alta todo el día y agradecer al Señor por sus promesas para ti en él. Cada versículo está lleno del amor de Dios hacia ti. Cuando los guardas en tu corazón, el miedo se irá.

4. *Adora al Señor en voz alta.* La alabanza es tu mejor arma contra el miedo, por tanto úsala con gran fuerza. Aplaude, canta y alaba a Dios. Agradécele por su gran amor. Mientras más lo hagas, más receptiva serás para recibirlo.

A pesar de lo que te haya ocurrido o lo que esté ocurriendo en el mundo que te rodea, Dios promete protegerte cuando caminas con Él. Es más, Él está comprometido a protegerte todo el tiempo. No sabemos de cuánto mal nos protege cada día pero estoy segura que es mucho más de lo que imaginamos. Él es más poderoso que cualquier adversario que enfrentamos y nos promete que no importa qué traiga el enemigo a nuestras vidas, triunfaremos en eso.

El único temor que debes tener es el temor de Dios, un respeto por la autoridad y el poder del Señor. Temer a Dios significa temer lo que sería la vida sin Él y agradecerle continuamente porque debido a su amor nunca experimentarás miedo.

Rechaza el escollo de la lujuria

La primera mentira que creemos cuando nos tienta la lujuria es: *No hace daño pensar en esto si en realidad no lo voy a hacer de ningún modo.* Sin embargo, todo acto lujurioso comienza como un simple pensamiento. Nos engañamos si creemos ser demasiado fuertes o demasiado buenos para caer en la tentación. El problema es que siempre la tentación se presenta cuando nuestra resistencia está en su nivel más bajo y nuestra alma está sin protección.

La lujuria es un excesivo deseo de gratificar *cualquiera* de los sentidos, pero aquí me estoy refiriendo al deseo sexual, un espíritu específico que llega a destruir tu vida al tentarte a pensar y hacer algo que ya decidiste no hacer.

Fui atacada por esa clase de espíritu después de haber estado casada casi por cinco años y cuando estaba a punto de entrar en una nueva fase en mi ministerio. Dije atacada porque salió de ninguna parte... una repentina, incontenible y fuerte atracción por alguien en quien no tenía absolutamente ningún interés. Fue como estar en una ola que me arrastraba. Estoy segura que algunas personas interpretarían esta atracción como destino, amor o la media naranja. Ya sabía que no era nada de eso porque creía firmemente que Dios nos había unido a mi esposo y a mí, y no quería estar con nadie más.

Cuando esto sucedió, prácticamente caí sobre mi rostro ante el Señor, confesé esos sentimientos, reprendí al espíritu de lujuria, y clamé a Dios que me liberara. Luché por algunos días, permaneciendo en la presencia del Señor (oración, alabanza, la Palabra) mientras Él peleaba la batalla. Cuando desperté la mañana del tercer día se había ido *por completo*. La guerra había terminado, el Señor había ganado, y yo estaba libre. Si hubiera tardado más tiempo, habría visitado a un consejero cristiano para que orara. Pero sabía que la victoria era completa porque cada vez que veía de nuevo a esa individuo no había atracción en absoluto. Es más, pensé: *¿Cómo pude haber sido tentada?*

Confía en el Señor, no en tu corazón

La Biblia dice: «El que confía en su propio corazón es necio; mas el que camina en sabiduría será librado» (Proverbios 28.26).

Hubiera sido una tonta de haber confiado en mi propio corazón. Hubiera perdido todo. Ahora creo que el diablo llegó para tentarme y que el Señor lo permitió para probarme, como lo hizo con Job. Estoy convencida de que la decisión que tomé determinó el curso de mi vida y la liberación de mi ministerio.

Sé por experiencia que un espíritu de lujuria es poderoso. Las personas que son débiles en el Señor no tienen la fortaleza para resistirlo. Pero si la manejamos adecuadamente, la tentación expondrá cualquier debilidad en nosotros y en el matrimonio. Comprendí, por ejemplo, que mi esposo y yo estábamos muy ocupados como para alimentarnos como pareja. El trabajo de Michael era próspero, él viajaba mucho y no prestaba atención a mis necesidades, y yo me encontraba insegura y vulnerable. La atmósfera estaba lista para que el diablo entrara.

Las personas casadas caen en adulterio y las solteras caen en aventuras sexuales, porque un espíritu de lujuria las tienta con mentiras como:

- «Nadie se dará cuenta».
  La verdad es que Dios lo sabe.

- «Puedo manejar esto».
  La verdad es que el espíritu de lujuria es demasiado fuerte para que la carne humana lo resista.

- «Todo esto es muy divertido; no es nada serio».
  La verdad es que Satanás está detrás de un espíritu de lujuria y él siempre toma en serio tu destrucción.

- «Sé lo que estoy haciendo».
  La verdad es que cualquiera bajo la influencia de la lujuria está engañado, así que probablemente no sabes lo que estás haciendo.

Ten cuidado con estos pensamientos. Ten la actitud de revisarlos de vez en cuando para estar consciente de este espíritu. Si eres casada, examina estas *Señales de peligro para una persona casada:*

μ Tengo aunque sea la más leve insinuación de una atracción sexual o emocional hacia alguien que no es mi cónyuge.

μ No puedo sacar a esa persona de mi mente y sueño despierto(a) con cómo sería estar con ella en un ambiente distinto (en un restaurante, una caminata juntos, etc.).

μ Tomo decisiones o me visto con esa persona en mente.

μ Siento timidez cuando estoy en presencia de esa persona.

μ Hago un esfuerzo mayor para estar con esa persona.

μ Me imagino lo que esa persona puede pensar de mi apariencia o de lo que hago.

μ Soy más agradable con mi cónyuge para que no note cuánta atención le brindo a la otra persona.

μ Imagino cómo sería casarse con esa persona.

μ Siento culpabilidad por los pensamientos que tengo hacia esa persona.

eres una persona soltera, examina estas *Señales de peligro para una persona soltera:*

µ Me obsesionan los pensamientos sexuales con relación a cierta persona.

µ Siento hacia esa persona un impulso sexual que temo no ser capaz de controlar.

µ Pienso en esta persona más como un objeto sexual que como un(a) hermano(a) en el Señor.

µ Mi objetivo principal para esta persona es suplir mis necesidades, en vez de ayudarle a convertirse en quien Dios quiere que sea.

µ Soy incapaz de confesar al Señor mis más profundos sentimientos acerca de esta persona.

µ Cuando llego ante el Señor, mis pensamientos acerca de esta persona no me hacen sentir limpio(a).

µ Busco versículos bíblicos que podrían justificar mis sentimientos acerca de esa persona.

µ Dudo de la validez de las Escrituras si sugieren que restrinja mi relación con esa persona.

µ Me aventuro personalmente en territorio peligroso al estar a solas con esta persona cuando sé que no debería.

Si entras en contacto con alguien por quien sientes una fuerte atracción sexual, reprende inmediatamente al diablo. Di: «Te ato Satanás y me niego a dejar que destruyas mi vida con tentación. La inmoralidad sexual es un pecado contra Dios y no quiero tener parte en él. Por el poder del Espíritu Santo destruyo cualquier asidero que tenga en mi vida el espíritu de lujuria».

Luego ve ante el Señor en oración. Con esto quiero decir que te tiendas en tu cuarto de oración sobre tu rostro y clames a Dios. Di:

«Señor, confieso mi atracción hacia esta persona y estos pensamientos sexuales que llegan a mi mente. Perdóname y libérame de ellos. Muéstrame Señor, por qué Satanás cree que puede atacarme en esta área. Ayúdame a no ser engañada sino a ver todo con claridad. Te alabo Señor, porque eres más poderoso que cualquier tentación que enfrento». Permanece allí ante el Señor, alabándolo por su gracia, amor y bondad hasta que sientas que la presión ha desaparecido.

Si sales de la segura presencia del Señor antes de que la batalla esté bajo control, puedes entrar en territorio peligroso y ser abatida, quedar seriamente deshecha, o incluso mortalmente herida. No juegues con esta clase de fuego. Está adherido a un explosivo con el poder de hacer un daño irreparable.

Después de la caída

Si ya has caído en la trampa del diablo y cediste a un espíritu de lujuria, debes recibir liberación. No intentes manejarlo por tu cuenta. Pide ayuda. Ve donde un consejero, un terapeuta cristiano, un pastor, los ancianos de la iglesia, un grupo de oración o un creyente firme que pueda guardar tu confidencia. Haz que esa persona ore para que seas libre. Sin oración no hay liberación. Después de la liberación espera un largo tiempo de sanidad. Encuentra también ayuda para eso.

Cada vez que te sientas tentada otra vez por este espíritu, confiésalo a quienquiera que hayas escogido para que te ayude. *No* estés a solas con la persona que te atrae. Es mejor no verla por ningún motivo, pero si esto no se puede evitar, asegúrate que al menos haya alguien más contigo todas las veces.

Como cristianos debemos renunciar aun a la aparición del mal y con mayor razón a la lujuria. Sabemos cuándo hemos pasado de la mera observación al reino de la atracción o el deseo. Entonces hasta

Lo que la Biblia dice acerca de la lujuria

La voluntad de Dios es vuestra santificación;
que os apartéis de fornicación; que cada uno de
vosotros sepa tener su propia esposa en santidad
y honor; no en pasión de concupiscencia,
como los gentiles que no conocen a Dios.

1 Tesalonicenses 4.3-5

No os ha sobrevenido ninguna tentación que no sea
humana; pero fiel es Dios, que no os dejará
ser tentados más de lo que podéis resistir,
sino que dará también juntamente con la tentación
la salida, para que podáis soportar.

1 Corintios 10.13

Amados, yo os ruego como a extranjeros
y peregrinos, que os abstengáis de los deseos
carnales que batallan contra el alma.

1 Pedro 2.11

La justicia de los rectos los librará;
mas los pecadores serán atrapados en su pecado.

Proverbios 11.6

Bienaventurado el varón que soporta la tentación;
porque cuando haya resistido la prueba,
recibirá la corona de vida, que Dios ha prometido
a los que le aman.

Santiago 1.12

un encuentro de ojos puede ser una manifestación del diablo. Debes decidir *ahora* que resistirás la lujuria en todas las formas, hasta que esta ya no haga ninguna aparición en absoluto.

Examina para ver si alguna tentación en tu vida se alimenta por problemas en tu matrimonio, ataduras en tu vida o heridas del pasado. O ¿está tu ministerio a punto de avanzar y destruir algo del territorio del diablo? Si así es, él estará allí con un espíritu de lujuria (ya sea sexual o una búsqueda de poder, o ambos) para intentar detenerte. Tómalo en serio. Muy a menudo lo hemos visto triunfar. La lujuria es una trampa que espera por todos nosotros. Decide ahora que no permitirás a Satanás la satisfacción de verte caer en ella.

Rechaza el escollo de la mentira

La mayoría de las personas no comprenden cómo la mentira daña el alma. Nos separa de Dios; y no podemos tener restauración plena sin la presencia del Señor. Dios no puede llevarte a una comunión íntima consigo mismo hasta que su verdad controle tu corazón.

El engaño de la mentira es pensar que te mejorará las cosas. En realidad ocurre lo contrario. Decir una mentira significa que te has alineado con el espíritu de mentira, que es Satanás. *Mentir significa que le das al diablo una parte de tu corazón.* Permitir que Satanás tenga una parte de ti te abre a su reino. Mientras más mientas, mayor es su asidero en ti, y una vez que un espíritu de mentira te ha atado, no podrás dejar de mentir.

Aprendí a mentir cuando niña porque sentí que las consecuencias de decir la verdad eran demasiado graves. También estaba tan avergonzada de mi vida, que mentir a otros era más tolerable que admitir la verdad. Una de las mentiras que a menudo decía era acerca de mi edad. La única escuela en nuestro pueblito de Wyoming estaba tan repleta, que a menos que tuvieras seis años en la época en que empezaban las clases, el 14 de septiembre, tenías que esperar hasta el año siguiente para empezar el primer grado. (No había jardín de infantes.) Mi fecha de nacimiento es el 16 de septiembre, por tanto debí esperar y comenzar el año siguiente. Cuando nos mudamos a California durante el verano, antes de que empezara el cuarto grado cumplí diez años. Todos en la clase tenían nueve. Cuando los demás niños lo averiguaron se rieron de mí despiadadamente porque pensaban que me habían reprobado en un grado.

La siguiente vez que nos mudamos a otra ciudad decidí mentir acerca de mi edad. Continué esa mentira en el colegio, en la universidad y durante los años en que trabajé como actriz, cantante y bailarina de televisión. El negocio del entretenimiento era tan orientado en la juventud que a veces me quitaba hasta cinco años de edad. Vivía atemorizada de que alguien lo descubriera. Una vez, cuando alguien lo hizo, me dio mucha vergüenza.

Cuando conocí al Señor y empecé a vivir a su manera, comprendí que no me podía alinear al mismo tiempo con el autor de las mentiras y con el Espíritu de verdad. Decidí que las personas sabrían todo acerca de mí, para que me pudieran aceptar o rechazar basándose en quién era yo realmente. Fue un gran alivio ser libre del temor a que los demás descubrieran que les estaba mintiendo, y hasta donde recuerdo nadie me rechazó nunca por mi edad. Es asombroso cómo tus sentimientos de valor propio se elevan repentinamente cuando sabes que estás viviendo en la verdad.

Mentir como medio de supervivencia

Las personas que han recibido maltrato físico o emocional aprenden a mentir para protegerse o sentirse mejor. Aunque tal mentira es totalmente comprensible, sigue siendo mentira y puede llevar a un desequilibrio emocional e incluso a la enfermedad mental. Las mentiras se vuelven tan reales para quien las dice que se las comienza a creer.

Esto fue lo que le sucedió a mi madre. Cuando tenía once años murió su mamá de manera repentina y trágica. Puesto que su padre no podía cuidar de ella y de sus dos hermanas, las enviaron a vivir en varios hogares. Cuando mamá finalmente llegó a formar parte de una familia, el jefe de esa familia se suicidó. La muerte de su madre y la de su padre de crianza varios años después fueron tan traumatizantes que nunca se recuperó.

Mamá me contó muchas veces que era responsable de ambas muertes. Había tenido una discusión con su madre la noche en que ella fue a un hospital y murió; la culpa y el remordimiento de mi madre le duraron el resto de su vida. También creía que su padre de crianza se mató porque ella llegó a vivir con la familia durante la Gran Depresión y constituía una carga extra. La culpa autoimpuesta de mamá por todo esto era tan insoportable, que creó un mundo totalmente suyo que *podía* manejar. Las mentiras en su mundo se volvían su realidad y nunca tuvo que enfrentar la verdad. Si hubiera asistido a una buena terapia cristiana, o al menos donde una familia que orara por ella en esta época de trauma, hubiera podido evitar su trágica vida de tortura mental. Fue un ejemplo extremo del resultado de un espíritu de mentira.

La Biblia dice: «Amontonar tesoros con lengua mentirosa es aliento fugaz de aquellos que buscan la muerte» (Proverbios 21.6). ¿Acaso puede expresarse con más claridad? Las consecuencias de decir la verdad tienen que ser mejores que la muerte.

Si estás consciente de que estás cayendo en el foso de la mentira, debes confesar de inmediato a Dios toda mentira. El momento en que descubras que has mentido, di: «Señor, confieso ante ti que he

Lo que la Biblia dice acerca de la mentira

Nunca se aparten de ti la misericordia y la verdad;
átalas a tu cuello, escríbelas en la tabla de tu
corazón; y hallarás gracia y buena opinión ante los
ojos de Dios y de los hombres.
Proverbios 3.3-4

Los labios mentirosos son abominación a Jehová;
pero los que hacen verdad son su contentamiento.
Proverbios 12.22

Libra mi alma, oh Jehová, del labio mentiroso, y de
la lengua fraudulenta.
Salmos 120.2

La lengua falsa atormenta al que ha lastimado, y la
boca lisonjera hace resbalar.
Proverbios 26.28

Se deshace mi alma de ansiedad; susténtame según
tu palabra. Aparta de mí el camino de la mentira, y
en tu misericordia concédeme tu ley.
Salmos 119.28-29

mentido y como resultado me he alineado con Satanás. Dios, perdóname por eso y límpiame de todo mal. Satanás, me niego a ser parte de tu engaño y tu maldad, y ordeno que tu espíritu de mentira se vaya en el nombre de Jesús. Te alabo Señor porque eres el Dios de verdad y tienes el poder para hacer nuevas las cosas».

A continuación sumérgete en la verdad de Dios, su Palabra. Pide al Espíritu de verdad (el Espíritu Santo) que fluya a través de ti y te limpie de todas las mentiras. Pide a Dios que te muestre cualquier otra mentira que estés diciendo o viviendo. La mentira te impide tener buenas relaciones (Proverbios 26.28), y te separa de la presencia del Señor: «El que habla mentiras no se afirmará delante de mis ojos» (Salmos 101.7). No puedes tener salud y felicidad emocional sin la presencia de Dios en tu vida.

Recuerda que toda mentira de tus labios significa que le has dado al diablo un pedazo de tu corazón; él llena ese hueco con confusión, enfermedad emocional y mental, y muerte. No le des el placer. Al contrario, prefiere el camino de la verdad.

Rechaza el escollo del perfeccionismo

Es espantoso tratar de ser perfectos todo el tiempo. También es agotador. Intentamos ser perfectos para aceptarnos y para que otros nos acepten; pero en realidad, mientras más perfectos tratemos de ser, más molestos somos ante quienes nos rodean. Las personas no andan en busca de alguien que sea perfecto; buscan a alguien que las ame. El engaño del perfeccionismo está en pensar que alguien diferente a Dios puede ser perfecto.

Por años no escribí nada para que otros leyeran porque estaba segura que mis escritos no eran perfectos. Tampoco invitaba a nadie a comer en mi casa, pues mi casa y mi sazón no eran perfectos. No veía personas cuando no lucía perfecta ni les hablaba por teléfono porque no me sentía perfecta. Vivir cada día con la presión de ser perfecta casi me sofocaba.

Perfectos en amor

Una vez escribí un artículo en una revista, en el que dije: «Dios no nos pide que seamos perfectos; simplemente nos pide que demos pasos de obediencia». Alguien me escribió después, diciendo: «¿Cómo puedes decir eso, cuando Mateo 5.48 nos dice claramente: "Sed vosotros perfectos, como vuestro Padre que está en los cielos es perfecto"?»

En un artículo de respuesta escribí que la definición de *perfección* en el *Diccionario Nuevo Mundo* es «completo en todo sentido, intachable, impecable, sin defecto, en una condición de excelencia total». Si utilizamos esta definición, Jesús estaría diciendo: «¡Debes ser intachable, impecable, sin defecto y totalmente excelente! ¡Ahora!» ¡Eso es imposible!

Quienes sienten que Dios espera este nivel de actuación se ponen presión sobre sí mismos para lograrlo. Luego se sienten fracasados cuando se quedan cortos. Pero la buena nueva es que la Palabra de Dios no dice eso.

Entonces, ¿qué quiso decir Jesús cuando manifestó: «Sed vosotros perfectos, como vuestro Padre que está en los cielos es perfecto» (Mateo 5.48)? El mismo Jesús lo explicó unos versículos antes: «Oísteis que fue dicho: Amarás a tu prójimo, y aborrecerás a tu enemigo. Pero yo os digo: Amad a vuestros enemigos, bendecid a los que os maldicen, haced bien a los que os aborrecen, y orad por los que os ultrajan y os persiguen» (vv. 43-44). El pasaje continúa diciendo que si amas como Dios ama, serás perfecta, como tu Padre celestial es perfecto. En otras palabras, seremos perfectos si todo lo que hacemos está motivado por el amor de Dios, el cual se desborda en amor por los demás. *Ser perfectos tiene que ver con la condición del corazón.*

Un día, cuando mi hija Amanda tenía seis años recogía para mí rosas de nuestro jardín, porque sabía cuánto me gustaban las flores. Al tomar de la repisa mi florero favorito, se le cayó al suelo y se rompió en mil pedazos. Amanda estaba deshecha, y yo también, pero no la castigué porque reconocí que su *corazón* era perfecto, aunque su *actuación* no lo fue. La niña estaba haciendo eso por amor, aun cuando no pudo lograrlo perfectamente. La perfección que Dios espera de nosotros se parece a este ejemplo.

Un corazón puro en amor hacia Dios es un corazón que desea obedecerle. El Señor sabe que nuestras acciones no pueden ser 100% perfectas. Por eso envió a Jesús. Por medio de Él, Dios nos ha dado acceso a la perfección que solo el Señor puede dar. Nuestros corazones pueden ser perfectos aunque nuestras acciones no lo sean.

Quienes sufrimos maltrato infantil estamos dolorosamente conscientes de nuestras imperfecciones. Debemos entender que Dios no espera que seamos perfectos en *actuación* sino de *corazón*. Debemos entender que Dios *ya* nos ve perfectos cuando mira dentro de nuestros corazones y ve allí a Jesús. Fallar en comprender esto nos puede tener luchando para siempre por lo inalcanzable que es; finalmente desistiremos al sentir que no podemos ser todo lo que «deberíamos» ser.

Dios dice que quiere hacer de ti algo *más* de lo que puede ser tu excelencia humana. Quiere llevarte a tu plena restauración. Te elevarás al nivel y al grado en que sientas el amor de Dios en tu vida. Por

Lo que la Biblia dice acerca del perfeccionismo

Cristo, habiendo ofrecido una vez para siempre un solo sacrificio por los pecados, se ha sentado a la diestra de Dios, de ahí en adelante esperando hasta que sus enemigos sean puestos por estrado de sus pies; porque con una sola ofrenda hizo perfectos para siempre a los santificados.

Hebreos 10.12-14

A quien anunciamos, amonestando a todo hombre, y enseñando a todo hombre en toda sabiduría, a fin de presentar perfecto en Cristo Jesús a todo hombre.

Colosenses 1.28

No que lo haya alcanzado ya, ni que ya sea perfecto; sino que prosigo, por ver si logro asir aquello para lo cual fui también asido por Cristo Jesús.

Filipenses 3.12

El Dios de toda gracia, que nos llamó a su gloria eterna en Jesucristo, después que hayáis padecido un poco de tiempo, Él mismo os perfeccione, afirme, fortalezca y establezca.

1 Pedro 5.10

Dios es el que me ciñe de poder, y quien hace perfecto mi camino.

Salmos 18.32

eso ahora puedo invitar personas a mi casa, cocinar para ellas, hablarles, y escribirles. No me tengo que preocupar por ser perfecta, porque la perfección de Cristo está manifestada por su amor que fluye a través de mí.

Cuando te miras en el espejo y ves que se refleja la excelencia de Jesús, tendrás entonces una sensación de tu verdadero valor. La transformación verdadera se lleva a cabo cada vez que adoras al Señor por *su* perfección.

Rechaza el escollo del orgullo

Curiosamente, el orgullo es uno de los mayores problemas para quien ha recibido daño emocional. Es difícil descubrirlo porque está muy oculto en el interior y cubierto con sentimientos de baja autoestima. Siempre creí que no era orgullosa. Es más, me enorgullecía de eso. Pero no era cierto. Incluso cuando estaba trabajando como artista de televisión temía más al fracaso de lo que deseaba el éxito. Este miedo al fracaso no era humildad sino orgullo. Me sentía merecedora de triunfar, pero mi orgullo me hacía mucho más susceptible al fracaso.

La mentira que creemos cuando estamos llenos de orgullo es: *Tengo el control de mi vida, soy importante y puedo hacer que las cosas sucedan como quiero que ocurran.* Lo opuesto (la humildad) dice: «Sin Dios no soy nada pero todo lo puedo en Cristo que me fortalece».

El engaño del orgullo es pensar que nuestra voluntad es más importante que la de Dios. Esta fue la perdición de Satanás. Él no quiso dejar que Dios fuera Dios ni quiso hacer las cosas a la manera de Dios. Sus últimas palabras antes de ser expulsado del cielo fueron: «Subiré al cielo; en lo alto, junto a las estrellas de Dios» (Isaías

Lo que la Biblia dice acerca de la soberbia

Antes del quebrantamiento es la soberbia, y antes
de la caída la altivez de espíritu.
Proverbios 16.18

Se han humillado; no los destruiré;
antes los salvaré en breve.
2 Crónicas 12.7

El altivo de ánimo suscita contiendas; mas el que
confía en Jehová prosperará.
Proverbios 28.25

La soberbia del hombre le abate; pero al humilde de
espíritu sustenta la honra.
Proverbios 29.23

Abominación es a Jehová todo altivo de corazón.
Proverbios 16.5

14.13). Satanás era perfecto antes que el orgullo se enraizara en su corazón y decidiera que la voluntad de Dios ya no era tan importante como la suya. Sin embargo, «Dios resiste a los soberbios, y da gracia a los humildes» (Santiago 4.6). Caemos si no tenemos la gracia de Dios.

Una máscara para el miedo

El orgullo llega cuando temes que no tienes valor como persona. Dice: «Tengo que ser grande porque temo no ser nada». El extremo opuesto es pensar: *Si no puedo ser el mejor, entonces seré el peor. Si no puedo lograr que los demás me amen, entonces haré que me odien.* Las prisiones están llenas de individuos que se han sentido así.

Mientras más maduros espiritualmente somos, más vemos que sin Dios no somos nada. Es Él quien nos da nuestra valía: «El que se cree ser algo, no siendo nada, a sí mismo se engaña» (Gálatas 6.3). El escritor de Proverbios nos aconseja: «No seas sabio en tu propia opinión; teme a Jehová, y apártate del mal; porque será medicina a tu cuerpo, y refrigerio para tus huesos» (3.7-8).

Se necesita mucha sanidad para pasar de sentirte nada a aceptar tu valor en Jesús y luego admitir que separada de Dios no eres nada. Sin embargo, cuando puedes hacer eso, será Dios *dentro* de ti quien te lleve a la grandeza. Pídele que te dé un corazón humilde. Él lo hará.

Rechaza el escollo de la rebeldía

Sin el Señor todos caminamos en rebeldía. Pero la rebeldía puede surgir aun *después* de haber recibido al Señor y estar viviendo en obediencia. Es más, podemos caer en rebeldía sin siquiera darnos cuenta.

Una de las formas más comunes de rebeldía entre los creyentes es la apatía espiritual. Todos sabemos si acabamos de robar una licorería, de matar a alguien, o de cometer adulterio. Somos reacios a reconocer cuando nos hemos desviado de la corriente del Espíritu de Dios en nuestras vidas.

Hace algunos años me hicieron una operación correctiva para una antigua lesión de la infancia. Las instrucciones de los médicos fueron: «Permanece en casa por dos meses y no levantes nada, no te inclines, no camines, no hagas ejercicio, no hagas movimientos bruscos y no te presiones». En otras palabras, no tengas vida.

En las dos primeras semanas me encontraba demasiado mareada para leer mucho de la Biblia o para hacer alguna oración profunda, por tanto recurrí a algo que nunca hago: vi mucha televisión y leí muchas revistas seculares. Nada de eso era censurable pero todos los mensajes eran del mundo, diciéndome cómo pensar, mirar, comprar y vender, y estructurar mi hogar y mi matrimonio.

Cuando al fin terminó mi convalecencia, lentamente hice esfuerzos para volver a mi rutina normal. Sin embargo, las cosas eran diferentes. No leía mucho la Biblia y estaba demasiado ocupada para el cuarto de oración, y opté más bien por orar y correr. Pronto estaba corriendo en mi propia corriente en vez de que el Señor me sustentara y me guiara.

Lentamente comencé a tomar decisiones para mi vida sin preguntar a Dios. No pensaba que estaba haciendo esto, pero el fruto de esas decisiones probó que así era. Empecé a caminar en rebeldía al servir a mis necesidades.

La mentira que creemos cuando nos rebelamos contra Dios es: *Creo que esto está bien para mí, por lo tanto voy a hacerlo, no importa lo que Dios o alguien más diga.* El engaño de la rebeldía está en pensar que nuestro camino es mejor que el de Dios. *La rebeldía es soberbia puesta en acción.*

La Biblia dice: «Como pecado de adivinación es la rebelión» (1 Samuel 15.23). La adivinación es, por supuesto, total oposición a Dios. El mismo versículo dice que la obstinación es idolatría. El orgullo nos *pone* en rebelión. La obstinación nos *mantiene* en rebeldía. *Hay un ídolo en la vida de cualquiera que camine en rebeldía. Identificar y echar por tierra ese ídolo es la clave para volver a estar alineados con Dios.* Queremos lo que anhelamos. Mira qué es lo que quieres. Si eso no está alineado con la voluntad de Dios, es un ídolo.

La apatía espiritual

Una vez que conocemos al Señor y que hemos estado caminando en su senda, el peligro es pensar que hemos aprendido las lecciones. Hemos leído la Biblia y estamos recibiendo las bendiciones. Ahora creemos que podemos dejar que las cosas nos resbalen. Nos volvemos perezosos en lo que ya hemos aprendido a hacer. Dejamos que la asistencia a la iglesia no sea prioridad, dejamos de dar, y miramos la otra manera en que ciertos pasos de obediencia se quedan a medio camino... mientras el enemigo aparece en nuestro lado ciego.

Muchas batallas se han perdido sencillamente por esta clase de rebeldía. Solo que no la llamamos rebeldía (no nosotros los cristianos maduros), la llamamos «madurez». *Después* de la acción la llamamos «estupidez». Debido a que todos somos susceptibles a la apatía espiritual «es necesario que con más diligencia atendamos a las cosas que hemos oído, no sea que nos deslicemos» (Hebreos 2.1).

¿Te preguntas si estás cayendo en rebeldía por ir a la deriva espiritual? Una cantidad de señales de advertencia nos pueden ayudar a prevenir tal caída. Revisa periódicamente las siguientes afirmaciones y marca las que se apliquen a ti:

µ Estoy permitiendo que fuentes externas como televisión,

revistas, películas y libros me moldeen más que el Espíritu Santo.

μ Lo que mis amigos dicen influye más en mí de lo que Dios dice.

μ Me estoy volviendo desnutrida espiritual por no alimentarme *diariamente* con la Palabra de Dios o deleitarme en su presencia en oración y alabanza.

μ Estoy empezando a pensar que ya lo he oído todo, por tanto no tengo motivos para ir a la iglesia o a estudios bíblicos.

μ He comenzado a tomar decisiones sin el consejo divino porque las *siento* correctas.

μ No pregunté al Señor específicamente acerca de una compra importante, pero es algo que siempre quise, por eso debe ser la voluntad de Dios.

μ No he hecho nada malo, de modo que no necesito pedir a Dios que me revele algún pecado no confesado.

Si marcaste algún punto anterior, llévalo de inmediato ante el Señor en arrepentimiento, para que puedas desviarte del sendero que te lleva a la destrucción.

Cómo caminar en la voluntad de Dios

La Biblia dice: «Hay camino que parece derecho al hombre, pero su fin es camino de muerte» (Proverbios 16.25).

Ese camino puede *parecer* completamente derecho cuando estamos totalmente equivocados. Por eso no podemos determinar con éxito el camino correcto para nosotros. Solo Dios lo conoce. Debemos mirar hacia Él y encontrar el centro de *su* voluntad, porque solo allí podemos estar seguros de verdad. *Caminar en su voluntad es lo opuesto de caminar en rebeldía.*

Cuando Michael y yo estábamos saliendo me preocupaba cons-

Lo que la Biblia dice acerca de la rebeldía

Si quisiereis y oyereis, comeréis el bien de la tierra;
si no quisiereis y fuereis rebeldes, seréis consumidos
a espada.

Isaías 1.19-20

Castígalos, oh Dios; caigan por sus mismos
consejos; por la multitud de sus transgresiones
échalos fuera, porque se rebelaron contra ti.

Salmos 5.10

Algunos moraban en tinieblas y sombra de muerte,
aprisionados en aflicción y en hierros, por cuanto
fueron rebeldes a las palabras de Jehová, y
aborrecieron el consejo del Altísimo. Por eso
quebrantó con el trabajo sus corazones; cayeron, y
no hubo quien los ayudase.

Salmos 107.10-12

Se rebelaron contra ti, y echaron tu ley tras sus
espaldas [...] Entonces los entregaste en mano de
sus enemigos, los cuales los afligieron.

Nehemías 9.26-27

tantemente de tomar en mis manos asuntos de nuestra relación y lo arruinara todo. Una y otra vez oraba porque Dios me mantuviera en su voluntad acerca de la relación. No quería cometer otra equivocación como la que tuve en mi primer y corto matrimonio.

Puse de mi parte para evitar la manipulación de los resultados de lo que, a mi entender, sería ventajoso para mí. Por ejemplo, cuando Michael no me llamaba por algún tiempo, yo resistía la tentación de contactarlo, a pesar de lo sola que me sentía. No lo perseguí de modo activo, aun cuando el anhelo de mi corazón era que esta relación funcionara. Cuando finalmente me pidió matrimonio, estaba segura que esto era plan del Señor y no era el resultado de una astuta maniobra de mi parte.

La clave para descubrir la voluntad de Dios, en este caso, fue entregar constantemente al Señor toda la situación, orar por ella, alabarlo a Él por su perfecta voluntad en mi vida, y luego esperar en Él por la respuesta. Estar en el centro de la voluntad de Dios da gran seguridad y confianza porque hay algo muy maravilloso acerca de saber que estás exactamente donde se supone que debes estar. Este es un lugar garantizado de seguridad y paz.

Caminar en la voluntad de Dios también simplificará tu vida. Oswald Chambers dijo: «Si tenemos nuestro propio propósito, este destruye la simplicidad y la disponibilidad que debe caracterizar a los hijos de Dios» *(My Utmost for His Highest* [Mi mayor anhelo es la grandeza de Dios], 159). Esto no significa que no habrá tormentas en el centro de la voluntad de Dios. Los problemas también surgen allí. Pero en medio de ellos habrá una paz simple y tranquila que sobrepasa todo entendimiento.

La voluntad de Dios es más grande que cualquier otro detalle de nuestras vidas. Si perdemos el blanco algunas veces, esto no nos sentenciará a vivir fuera de lo mejor de Dios para siempre. Si sabes que perdiste el blanco al caminar en rebeldía, vuelve a poner toda área de tu vida en sumisión al Señor. Por su gracia Él te volverá a colocar en el blanco.

Rechaza el escollo del rechazo

Mi más antiguo recuerdo de rechazo es que mi madre me encerrara en aquel clóset. De haber sido un incidente aislado quizás no hubiera sido tan malo. Pero no lo fue. Como resultado crecí sintiéndome rechazada y estos sentimientos aumentaron en mí hasta el punto de que ninguna cantidad de afirmación y ánimo los pudieron vencer.

Me volví alguien que daba más de lo esperado para obtener aprobación. Trabajé duro para que la gente lo notara y dijera que hice un buen trabajo. Cuando me reconocían, la agradable sensación solo duraba un instante. Estaba segura que si las personas realmente sabían la verdad respecto a mí y mis limitaciones, no tendrían tan favorable opinión. Esperaba rechazo.

Hace solo unos años me encontré con el mejor amigo de un joven con quien salí en serio cuando trabajaba en televisión. Hablamos brevemente de los viejos tiempos juntos y, por supuesto, de mi antiguo novio.

—Ron estaba deshecho cuando cortaste la relación de modo tan abrupto —me dijo.

—¿En serio? —pregunté asombrada—. Pensé que a él no le importaba mucho y que lo mejor era que continuáramos con nuestras vidas.

—No fue así —dijo el amigo—, él sentía que eras la chica de su vida. Es más, planeaba pedirte que te casaras con él ese verano. Nunca se pudo imaginar por qué lo dejaste plantado.

En verdad me sorprendí. No era que deseara haber continuado

con Ron ni que sentí que había cometido una tonta equivocación al dejarlo; me asombraba cómo me habían cegado mis sentimientos de rechazo.

La mentira que creemos cuando sentimos rechazo es: *No valgo nada, por tanto es totalmente comprensible que la gente me rechace.* El espíritu de rechazo te convence de que *serás* rechazada y entonces cada palabra y acción de otras personas se interpreta a la luz del rechazo.

Todos hemos sido rechazados por un miembro de la familia, un amigo, un maestro, un extraño o un conocido casual. Un incidente de esta clase no nos afectará mucho cuando emocionalmente estamos sanos. Pronto nos ponemos en perspectiva y nos recuperamos. Pero si tenemos profundas cicatrices emocionales por incidentes repetidos de rechazo, sentiremos el más leve percance como un cuchillo clavado en el corazón.

Años después de que Michael y yo nos casamos, nuestra relación llegó a un callejón sin salida debido a la crónica falta de comunicación, así que buscamos ayuda en una tercera persona calificada.

Nuestro consejero matrimonial nos dijo: «Ustedes han permitido que un espíritu de rechazo empañe todo lo que oyen decirse mutuamente. Cada vez que uno de los dos dice o hace algo, un espíritu de rechazo lo interpreta para el otro. Ambos deben aprender a relacionarse entre sí, sin esperar rechazo sino aceptación y acogida».

Nunca había pensado en el rechazo como un espíritu, pero mientras más consideraba las palabras del consejero, más comenzaba a identificar ese espíritu que surgía en mí. Yo interpretaba las muchas horas de trabajo en Michael, y que estuviera fuera todo el tiempo, como rechazo hacia mí. Cuando se iba a jugar golf con sus amigos en un día libre, lo interpretaba como rechazo. Cuando tenía poco tiempo para mí, lo interpretaba como rechazo, en vez de atribuirlo a que estaba bajo presión. Mis respuestas salían de mis sentimientos de rechazo.

«El rechazo es un espíritu que se debe alimentar para que permanezca vivo —dijo el consejero—, y para matarlo es necesario dejarlo pasar hambre. Se le alimenta y crece al creer pensamientos negativos acerca de ustedes. Se le mata de hambre al negarse a darle el alimento destructor que quiere y en lugar de esto deben edificarse y nutrirse en el amor y la aceptación de Dios.

»No es que el poder de ese espíritu sea mayor que el de Dios para echarlo fuera, pero ustedes no pueden ser libres de algo a lo que le están dando lugar. Si alimentan un perro callejero, se quedará. Si están alimentando un espíritu de rechazo, también se quedará. El mejor modo de tener hambriento a un espíritu de rechazo es llenarse con el conocimiento de la aceptación de Dios».

El consejero nos envió a casa con la tarea de descubrir todos los versículos en la Biblia acerca de la aceptación de Dios. En las semanas siguientes recopilamos una enorme lista. Para la sexta y última semana de nuestra consejería ya teníamos una comprensión más profunda del amor de Dios y de cómo recibirlo. El consejero oró porque cada uno de nosotros fuera libre del espíritu de rechazo. Nuestra relación fue renovada y encontramos sanidad en nuestras almas.

Vive como alguien escogido

Dios dijo: «Yo os elegí del mundo» (Juan 15.19). Nosotros no escogimos a Jesucristo; Él nos escogió. Debemos aprender a vivir como los escogidos que somos.

Cuando sientas que la luz roja del rechazo se prende y se apaga en tu cerebro, por alguna acción o palabra que alguien hizo o dijo, recuerda que Jesús *te* eligió. Recuerda también que *la voz de Dios siem-*

Lo que la Biblia dice acerca del rechazo

Te escogí, y no te deseché. No temas, porque yo estoy contigo; no desmayes, porque yo soy tu Dios que te esfuerzo; siempre te ayudaré, siempre te sustentaré con la diestra de mi justicia.

Isaías 41.9-10

No abandonará Jehová a su pueblo,
ni desamparará su heredad.

Salmos 94.14

Tú eres pueblo santo para Jehová tu Dios; Jehová tu Dios te ha escogido para serle un pueblo especial, más que todos los pueblos que están sobre la tierra.

Deuteronomio 7.6

Debemos dar siempre gracias a Dios respecto a vosotros, hermanos amados por el Señor, de que Dios os haya escogido desde el principio para salvación, mediante la santificación por el Espíritu y la fe en la verdad.

2 Tesalonicenses 2.13

Jehová no desamparará a su pueblo, por su grande nombre; porque Jehová ha querido haceros pueblo suyo.

1 Samuel 12.22

pre anima; la voz del diablo siempre desanima. Si no puedes ver nada bueno acerca de ti se debe a que el diablo ha cubierto tu futuro con el pasado.

Cada vez que sientas alguna clase de rechazo, niégate a aceptarlo. A pesar de que tu carne quiera estar de acuerdo con él, di: «Espíritu de rechazo, ¡te rechazo a *ti!* Dios me acepta y me ama como soy. Aunque nadie más en la tierra me acepte de esa manera, sé que Él lo hace. No quiero volver a vivir en el dolor del rechazo. Dios me escogió y decido vivir en su total aceptación. Gracias Señor por amarme. Te alabo por transformarme en el ser que tú quisiste que yo fuera».

Ábrete al amor y la aceptación de Dios y acéptalos para ti. Tu salud emocional depende de esto.

Rechaza el escollo de la autocompasión

Las víctimas de heridas emocionales al inicio de su vida, a menudo terminan enfocados en sí mismos de modo negativo. La mentira que una y otra vez se representa en sus mentes es: *Pobrecito de mí. Siempre me tiene que pasar lo peor.* Cuando día tras día te repites amarguras, te abres a un espíritu maligno. Este espíritu de autocompasión te hace sentir mal *todo el tiempo* acerca de *todo.* El incidente negativo más insignificante, como perder las llaves de tu auto o dislocarte el tobillo, se convierte en una señal de que Dios no está de tu parte. Hasta continúas sintiéndote mal por cosas de las que ya te has liberado.

Oswald Chambers dijo: «Cuídate de permitir que continúe tu complejo porque este lentamente despertará la autocompasión, y esto es satánico» (*My Utmost for His Highest*, 170). La autocompasión es una obra del diablo y la intención es robarte la vida y destruirte. Recuérdalo. Quizás esté bien que te entristezcas porque te

Lo que la Biblia dice acerca de la autocompasión

Con Cristo estoy juntamente crucificado, y ya no
vivo yo, mas vive Cristo en mí; y lo que ahora vivo
en la carne, lo vivo en la fe del Hijo de Dios, el cual
me amó y se entregó a sí mismo por mí.

Gálatas 2.20

La tristeza que es según Dios produce
arrepentimiento para salvación, de que
no hay que arrepentirse; pero la tristeza
del mundo produce muerte.

2 Corintios 7.10

Examinaos a vosotros mismos si estáis en la fe;
probaos a vosotros mismos. ¿O no os conocéis a
vosotros mismos, que Jesucristo está en vosotros, a
menos que estéis reprobados?

2 Corintios 13.5

Vosotros, amados, edificándoos sobre vuestra
santísima fe, orando en el Espíritu Santo,
conservaos en el amor de Dios, esperando
la misericordia de nuestro Señor Jesucristo
para vida eterna.

Judas 20-21

Como ciudad derribada y sin muro es el hombre
cuyo espíritu no tiene rienda.

Proverbios 25.28

han sucedido cosas malas, pero darte el lujo de sentirte así todo el tiempo significa que ahora estás haciendo caso omiso al poder de Dios en tu vida. Eso es exactamente lo que desea Satanás. La autocompasión siempre te impide entrar en lo que Dios tiene para ti.

El enfoque en Dios

La autocompasión nos mantiene enfocados completamente en nosotros. Lo opuesto de enfocarse *hacia adentro* es enfocarse *hacia afuera* en Dios. Oswald Chambers dijo: «La iniciativa del santo no es hacia la autorrealización sino hacia el conocimiento de Jesucristo» (*My Utmost*, 140). ¡Cuán diferente es esto de lo que el mundo promociona hoy día! Equivocadamente pensamos que un enfoque intenso en nosotros mismos contribuirá más a nuestra felicidad y satisfacción, cuando la realidad es lo contrario. Concentrarnos en nosotros mismos nos lleva a la enfermedad emocional. *En vez de estar llenos de pensamientos acerca de lo que necesitamos y sentimos debemos estar llenos de pensamientos del Señor.*

Todo nuestro enfoque debe estar solo en Dios. La Biblia dice: «De sus caminos será hastiado el necio de corazón; pero el hombre de bien estará contento del suyo» (Proverbios 14.14). La mejor manera de enfocarse en Dios es agradecerle continuamente por todo lo que ha dado, alabarle por todo lo que ha hecho y adorarlo por todo lo que Él es. Es imposible estar concentrada en ti y sentir autocompasión mientras glorificas a Dios de este modo.

Además, resuelve no pecar con tu mente o tu boca. Di en voz alta: «Me niego a pasarme sentada pensando en lo que necesito y siento. Rehúso entristecerme y gemir por el pasado, presente y futuro. Deliberadamente decido pensar solo en ti Señor y en tu bondad. Miro hacia ti para que suplas todas mis necesidades. Tú sabes mejor que yo cuáles son».

Evita expresamente el escollo de la autocompasión, enfocándote en el Señor con acción de gracias y alabanza a tu Creador. Tu salud emocional depende de eso.

Rechaza el escollo del suicidio

Cuando tenía catorce años me invadía tanto el tormento emocional que no podía prever un futuro. Me sentía fea, indigna, tonta, rechazada y no amada, especialmente por mis padres. Una noche en que no había hecho nada para provocarla, mi madre desató un ataque verbal venenoso, acusándome de cosas que no había hecho. Me sentí impotente para defenderme de su ira, y sufrí soledad, depresión y desesperanza tan extremas que me sentí aplastada y mutilada emocionalmente. No vi posibilidad de que alguna vez cambiara la situación y decidí que no quería vivir. Esa noche tomé una sobredosis de drogas, pero no para llamar la atención ni para hacer que los demás sintieran lástima de mí. No dejé una nota ni llamé por teléfono pidiendo ayuda. Sencillamente no quería despertar otra vez.

La primera mentira que creemos cuando contemplamos el suicidio es: *No hay salida.* Creemos que nuestra situación es desesperada. Luego aceptamos la mentira de que la muerte es la única vía de escape. Esas cosas *no* son ciertas en el Señor, a pesar de cuán dolorosas y agonizantes sean tus circunstancias. Dios *dentro* de ti es más fuerte que cualquier situación que enfrentes, y con Él llega libertad y liberación.

El tormento de los pensamientos de suicidio

Casi todo aquel que tiene algún daño emocional grave considerará el suicidio en un momento u otro. Si alguna vez te pasa eso, recuerda que tales pensamientos vienen de Satanás. Un deseo de morir no es de Dios ni de ti. Quizás anheles verte libre del dolor físico y emocional, pero el pensamiento de matarte viene de un espíritu de muerte enviado del infierno a destruirte. *¡No viene de ti!* El Espíritu de Dios en ti *siempre* tiene una solución que lleva a la vida.

Si estás pensando en el suicidio, como podría ser el caso de quienes leen estas páginas, quiero decirte que estuve en el mismo barril sin fondo en que estás, y he conocido la angustia, la desesperación y el dolor. Oí y creí las mismas mentiras del diablo, quien dice:

- «Lo mejor sería morir. Anda y hazlo».

- «Acaba con esta agonía. Ponle un pare a este vacío».

- «No te preocupes por lo que esto significaría para alguien más. A nadie le importa de todos modos. En realidad les estarás haciendo un favor».

- «No puedes vivir con este sufrimiento otro instante. Quítatelo de encima y mátate ahora mismo».

Sé que muchas personas piensan del suicidio como egoísta (y es el máximo acto de un individuo enfocado en sí mismo), pero sé por experiencia que cuando quieres suicidarte te sobrecoge algo que va más allá del egoísmo. Sé que en tu interior *sí* quieres vivir, pero no de la manera en que estás viviendo. Una voz en tu mente te dice que estarías mejor muerta. En realidad quieres tener esperanza pero una voz te dice que no la hay. Lo crees debido a que estás mentalmente atormentada y eres emocionalmente débil en ese momento. Sin embargo, la verdad es *que quieres vivir.*

Gracias a Dios que no tomé suficientes fármacos para llevar a cabo el plan cuando tenía catorce años, por tanto terminé enferma en vez de muerta. No obstante, cuando desperté me sentía distinta aunque ninguna de mis circunstancias había cambiado. No estaba segura de por qué se me había guardado de la muerte, pero de alguna manera ya no me sentía agonizar. No sé por qué cambio mi percepción. Quizás alguien oró por mí, aunque nunca supe que alguien lo hiciera. Sin embargo, por alguna razón que solo Dios, Él guardó mi vida y me sentí diferente. Sentí deseos de volver a luchar y decidí hacerlo dando pasos para salir de mi agobiante situación.

Por esto es importante recordar que aun en medio de pensamientos de suicidio, *las cosas pueden cambiar en algún momento de nuestras vidas*. Es más, el cambio es inevitable. Lo único que no cambia es Dios: «Yo Jehová no cambio» (Malaquías 3.6). El Señor siempre está obrando a tu favor. *Ahora podrías sentir que deseas matarte, pero mañana en la tarde podrías sentir de manera totalmente distinta*.

Cómo resistir los pensamientos de suicidio

Un espíritu de suicidio te controla cuando te repites constantemente: «Ya no quiero vivir». Eso invita a un espíritu de muerte muy dispuesto a ayudarte a cumplir ese deseo de escapar de la vida. No pienses que porque recibiste a Jesús puedes huir de esos pensamientos. Siempre que manifiestes que quieres morir, un espíritu de suicidio se alegra de alojarse en ti.

Ya sea que sientas suicidarte en este instante o no, debes confesar ante el Señor cualquier ocasión de tu vida en que alguna vez expresaras o sintieras el deseo de morir. Después de hacerlo, di en voz alta: «Reconozco que el deseo de morir viene de ti Satanás, y renuncio a ti en el nombre de Jesús. Rechazo tu espíritu de mentira y la única verdad que acepto es la de Dios, que dice que sus planes y propósitos para mí son buenos. Por consiguiente, mi futuro no es desalentador. Anhelo vivir y glorificar a mi Padre Dios. Por la autoridad que tengo en el nombre de Jesús, aplasto al espíritu de suicidio y rechazo cualquier voz que me dice que merezco morir. Gracias Jesús porque moriste para romper todo asidero que la muerte quiera tener en mi vida».

Si tienes que hacer esta oración veinte veces al día, hazla. Fui libre de un espíritu de suicidio en la oficina de consejería con Mary Anne, de modo que este espíritu nunca más me esclavizó. Sin embargo, he sido tentada por ese espíritu varias veces desde que llegué al Señor. Pero los pensamientos se iban al hacer esa oración. No le des lugar al espíritu de suicidio ni por un instante.

Una vez que hayas renunciado al deseo de morir, tendrás que tratar a continuación con la razón por la que quisiste morir. Quizás debas perdonar a ciertas personas por lo que te hicieron, a Dios por lo que crees que Él debió haber hecho, o a ti misma por no ser lo que *tú* creíste que debías ser. Asegúrate de confesar todo lo que debas confesar para que puedas recibir el total perdón de Dios para ti.

Nunca intentes manejar sin ayuda graves pensamientos de suicidio. Ahora busca a alguien que pueda aconsejarte. Un sicólogo cristiano sería lo ideal, pero si no puedes conseguir uno, llama a una línea directa de suicidio, un siquiatra, un pastor, un consejero, una amiga o un creyente firme en el Señor. Reúnete con otros creyentes que puedan orar contigo y por ti, y asegúrate de ir regularmente a la iglesia para tener largos momentos de adoración y oración. Debes edificarte en tu interior.

Lo mejor está por venir

El pastor Jack siempre nos enseñó que la mejor parte de nuestras vidas está por venir. Eso ha sido cierto en los veinte años que he caminado con Jesús. Esa niña pequeña que pasaba mucho tiempo encerrada en el clóset tiene ahora un esposo amoroso que es un buen proveedor para su familia, hijos que aman al Señor y una vida satisfecha y fructífera. Nunca imaginé estas bendiciones, *especialmente* cuando pensaba en el suicidio. Si hubiera cumplido mis planes de suicidarme no habría experimentado nada de esto.

No importa si puedes verlo o incluso imaginarlo en este momento, Dios tiene grandes cosas reservadas para ti. Jesús dijo: «Yo he venido para que tengan vida, y para que la tengan en abundancia» (Juan 10.10). Tienes que tomarlo por fe. Debes saber que no hay foso tan profundo del que Jesús no pueda sacarte. El diablo te *ha* cegado. Dios *no* te ha abandonado. Las circunstancias *siempre* cambian. Dios puede transformar tus circunstancias, y esta puede ser la ocasión. Si te matas, nunca conocerás las cosas maravillosas de Él que te están esperando. ¿Por qué perder la parte más grandiosa de tu vida, poniéndole fin? Debes saber que debido a que Jesús vive, también vale la pena vivir tu vida.

Oración

Señor, oro porque liberes mis pies de las trampas del enemigo y a mi alma del tormento y la muerte que él ha preparado para mí. Escóndeme a la sombra de tus alas. Sé mi fortaleza y mi escudo. Dame discernimiento. Abre mis ojos a la verdad. Que yo sea pronta en reconocer los errores de mis pensamientos. Someto mi vida a ti. Guíame en la senda por la que deseas que camines.

Lo que la Biblia dice acerca de los escollos

Hay camino que al hombre le parece derecho;
pero su fin es camino de muerte.
Proverbios 14.12

Cavaron hoyo para prenderme,
y a mis pies han escondido lazos.
Jeremías 18.22

Acontecerá que el que huyere de la voz del terror
caerá en el foso.
Isaías 24.18

El temor de Jehová es manantial de vida
para apartarse de los lazos de la muerte.
Proverbios 14.27

Tú has librado mi alma de la muerte,
mis ojos de lágrimas, y mis pies de resbalar.
Andaré delante de Jehová en la tierra
de los vivientes.
Salmos 116.8-9

7

PASO SIETE: MANTENTE FIRME

Cuando sonó el teléfono corrí a contestarlo. Esperábamos los resultados de los exámenes de Diane para averiguar qué le estaba ocasionando su dolor y por qué no se recuperaba de lo que creíamos un caso grave de gripe. Desde que nos conocimos en la clase de arte dramático del colegio, veintiocho años atrás, ella había sido mi mejor amiga. Rápidamente descubrimos cuánto teníamos en común, incluso nuestras situaciones familiares parecidas. La llevé al Señor después de yo recibir a Jesús y comenzó a asistir conmigo a la iglesia todos los domingos. Nos volvimos compañeras regulares de oración; orábamos juntas por teléfono cuatro o cinco veces a la semana. En aquellos años yo no tomaba decisiones importantes sin sus oraciones.

Dos años antes de esta llamada telefónica Diane averiguó que tenía cáncer de seno. Después de extirparle los dos senos, todos los chequeos mostraban que ya no tenía cáncer. Sin embargo, siempre nos preocupó que el mal pudiera volver.

—Stormie —la voz al otro lado de la línea sonaba inusitadamente débil y temblorosa.

—¿Qué dijo el médico?

—No son buenas noticias —su voz se quebrantó.

—¿Qué quieres decir? ¿Qué pasó con los exámenes?

—Volvió el cáncer.

—¿Volvió a dónde? —contuve la respiración anticipando la respuesta.

—Está por todas partes: en las glándulas, el estómago, los huesos, posiblemente en el cerebro.

—Cielos, querido Jesús, ayúdanos —dije mientras ambas nos echábamos a llorar.

No sé cuántos segundos o minutos pasaron en que solo se oían sollozos entrecortados. Cuando pudimos articular palabra de nuevo, hablamos de su hijo John, de ocho años.

—Solo quiero verlo crecer —lloró.

Hablamos del tratamiento que el médico le había aconsejado. Las megadosis de quimioterapia y radiación que describía parecían una sentencia de muerte. Oramos juntas pidiendo a Dios un milagro.

Esto sucedió en junio, y durante los meses del verano siguiente John se quedó con nosotros, mientras su padre cuidaba a Diane. Ella sufría muchísimo. Se debilitaba cada vez más y finalmente murió el 13 de septiembre. Por supuesto, todos sabíamos que estaba con el Señor, pero la pérdida fue enorme.

El dolor me parecía insoportable. Durante el deterioro de Diane, y en los meses que siguieron a su muerte luché con mis problemas físicos (ocasionados sin duda por el grave maltrato de mi cuerpo a principios de mis veinte), que resultaron en una total histerectomía. Unas semanas después de la operación vendimos nuestra casa y nuestro negocio, empacamos, nos mudamos a otro lugar y construimos un nuevo estudio. Entonces un imprevisto cambio de acontecimientos en el mundo de la música nos puso bajo una grave presión económica, lo que a su vez infligió una tremenda presión en nuestro matrimonio. Lidiar con todas esas dificultades al mismo tiempo me agotó física y emocionalmente.

Una noche clamé al Señor: «Dios, siento como si mi vida se acabara. ¿Qué puede reemplazar estas pérdidas? ¿Por qué no desaparece esta tristeza por la muerte de Diane? Así no puedo desempeñar bien mis funciones. Además Dios, ayúdanos a Michael y a mí. No estamos viviendo nuestra relación como tú quieres. ¿Te oímos bien acerca de vender la casa y construir un nuevo estudio? Oramos durante un año por eso, y pensé que nos estabas dirigiendo claramente. Todo esto es insoportable Señor, y ya no puedo manejarlo».

«Muy bien. Ahora déjame llevar esta carga por ti —oí que el Señor daba instrucciones a mi corazón—. Simplemente permanece firme en lo que conoces de mi verdad y yo me encargaré de todo».

A pesar de este mensaje consolador de parte de Dios, toda esa temporada fue como estar bajo una terrible tormenta. Mientras los vientos sacudían las ramas de mi vida, yo me asía firmemente de mis raíces, así como Él dijo. Viví con una sensación de propósito, a pesar del dolor interno o de lo inestable que sentía todo a mi alrededor. Permanecí en la Palabra, oré, alabé, rendí más de mí y de mi vida a Él, viví los caminos de Dios aunque me sentía como si quisiera darme por vencida. Al pasar la tormenta y encontrarme todavía firme, sentí la certeza absoluta de haber escogido terreno sólido para crecer.

Finalmente las cosas cambiaron. Recibí sanidad de mi sufrimiento por la muerte de Diane, mientras Dios me brindó relaciones más profundas con otras personas y con Él. Me recuperé de la histerectomía y me sentí mejor de lo que había estado en años. Sucedieron milagros en el negocio de mi esposo, nuestro estudio y nuestra casa se salvaron, y nuestro matrimonio se fortaleció más que nunca. Parecía que podía decir «y vivieron felices para siempre», pero la verdad es que todo se pudo haber ido fácilmente en otra dirección. Mi vida

pudo haber sido arrasada por la bancarrota, el divorcio y la enfermedad física y emocional. Este tipo de situaciones les sucede todo el
tiempo a buenas personas. Sin embargo, me apoyé en el Señor y no
solo pasé por todo eso sino que salí fortalecida. Solo Dios puede
arrancarnos del infierno y hacernos mejores. *Pero la clave fue permanecer firme en Él y hacer lo correcto, sin importar lo que fuera.*

Confía en Dios al dar cada paso

Si vamos a tener total liberación, restauración y realización, llegará
una época en que nos pondremos de pie y diremos: «Esto es lo que
creo; así es como viviré; esto es lo que aceptaré y lo que no aceptaré... y este es el camino». Debemos decidir mantenernos firmes y hacer lo que debemos hacer, a pesar de lo que sucede a nuestro
alrededor. Oswald Chambers dijo: «Una perspectiva promedio de la
vida cristiana es que significa liberación de problemas. Es liberación
en problemas, que es muy diferente» (*My Utmost for His Highest*,
157).

La Biblia no dice que no tendremos problemas. Es más, dice todo
lo contrario: «Muchas son las aflicciones del justo, pero de todas
ellas le librará Jehová» (Salmos 34.19). No debemos temer porque
Dios usa nuestros problemas para bien cuando nos comprometo-
mos con Él en oración y somos obedientes a sus caminos. A la gente
buena le pasan cosas malas. Dios nunca dijo que no sería así. Él no
dijo que la vida sea justa. Dijo que *Él* es justo y que Él sacará vida de
nuestros problemas.

Crece en el Señor

En una de las últimas ocasiones en que vi a Mary Anne antes de mudarse, acudí a ella por algún problema que ni siquiera recuerdo ahora. Lo que *sí* recuerdo fue su sabio consejo, que constaba literalmente de una palabra.

—Crece —me dijo con ternura.

—¿Cómo así? —pregunté.

—Es tiempo de crecer, Stormie —repitió con su voz paciente.

Cuando mi madre me gritaba esas palabras durante años, las sentía como algo repetitivo. Cuando Mary Anne las dijo, las sentí como el Espíritu Santo.

—¿Crecer? —repetí, esperando más detalles.

—Sí, Stormie. Debes estar a solas con el Señor y hacerle las preguntas que me haces. Entonces me dirás lo que Él te responde.

Todo lo que Mary Anne me dijo me pareció adecuado y me reí cuando más tarde se lo conté a Michael.

—Debes admitir que cuando vas donde una consejera en busca de ayuda y te dice que crezcas, es una señal de salud emocional si logras ver cuán divertido es.

Le pedí al Señor, tal como Mary Anne me sugirió, y escuché la respuesta, exactamente como ella predijo. Fue entonces cuando supe sin duda alguna que dentro de mí tenía todo lo necesario para vivir. Por fin estaba firme en el Señor. Después de eso caminé un poco más erguida.

Llega el momento en nuestro caminar con el Señor en que hemos tenido suficiente enseñanza, suficiente consejería, suficiente liberación y suficiente conocimiento de los caminos de Dios como para poder pararnos en nuestros dos pies y exclamar: «No voy a vivir más en el lado negativo de mi vida». No podemos depender de que alguien nos tome de la mano y haga desaparecer nuestras épocas difíciles. Debemos «crecer» y tomar la responsabilidad de nuestras vidas. Debemos decidir que no seremos víctimas de nuestras circunstancias, porque Dios nos ha dado una salida. No debemos pararnos en nuestro propio poder. Debemos pararnos firmes en el Señor.

La Biblia dice: «Diga el débil: Fuerte soy» (Joel 3.10). Esto no significa que vas a decir: «Creo que puedo» o «Quizás lo intente». Dirás: «Esto es así. Estaré firme en el Señor. Estaré firme contra el enemigo. No lloraré, no me quejaré ni me lamentaré por lo que no es. Me regocijaré por lo que es y por todo lo que Dios está haciendo». Esto significa pararte firme en lo que sabes y en quién confías. Significa crecer y de eso trata la salud emocional.

Mantente firme cuando el enemigo ataque

Habrá ocasiones en que estarás haciendo todo lo que está a tu alcance y las cosas saldrán bien, y entonces de repente la depresión empañará tu mente o la baja autoestima dominará tus acciones. O la falta de perdón regresará con toda su fuerza, o todo el infierno se desatará en una relación. O tendrás problemas en un área en que ya encontraste liberación y sanidad. Repentinamente las cosas parecerán empeorar más que nunca. Esto significa que estás bajo un ataque del diablo. No te asustes. Esto le sucede alguna vez a todo el mundo.

En esas ocasiones debes comprender sin duda que *cuando caminas con Jesús, no retrocedes*. Dios ha clarificado en su Palabra que si tenemos nuestros ojos en Él iremos de gloria en gloria y de fortaleza en fortaleza. El apóstol Pablo le dijo a los corintios: «Nosotros todos, mirando a cara descubierta como en un espejo la gloria del Señor, somos transformados de gloria en gloria en la misma imagen, como por el Espíritu del Señor» (2 Corintios 3.18). Y el salmista nos dice: «Irán de poder en poder; verán a Dios en Sion» (Salmos 84.7).

Para retroceder, tendrías que volver adrede tu espalda a Dios y caminar en otra dirección. Mientras estés mirando hacia el Señor, te moverás hacia adelante. No importa cómo te *sientas*; así es.

No te confundas. Dios está de *tu* parte. Él no es responsable de la muerte trágica de un ser querido, del divorcio, del esposo que bebe, de la pérdida de tu empleo, del accidente, de tus luchas familiares, de la enfermedad, de los sentimientos de ineptitud. Satanás es el responsable. Él es tu enemigo y quiere que creas sus mentiras. Él llega a tu mayor debilidad (especialmente en lo físico) y mezcla sus mentiras con un poco de verdad para que las creas.

Junto con el dolor por la muerte de mi amiga me llegó una repentina sensación aterradora de que yo también iba a morir. Estuve tan íntimamente identificada con ella durante veintiocho años, que su muerte hizo que la vida me pareciera sumamente frágil y fugaz. Ese pensamiento me obsesionó hasta una mañana de domingo, durante el culto de adoración, en que alababa en voz alta y agradecía a Dios por la vida que me había dado; entonces vi claramente que había estado bajo ataque satánico. Me encontraba física y emocionalmente débil. El diablo había bombardeado mi mente con el pensamiento de que mi madre había muerto de cáncer; que mi mejor amiga, de mi misma edad, había muerto de cáncer; y que por tanto yo también moriría pronto de cáncer.

Dios me presentó *toda* la verdad durante ese culto en la iglesia: no soy mi madre ni soy Diane. Si Dios decide llevarme al hogar, no será basándose en lo que pasó con ellas, sino en *su* tiempo. Lágrimas de gozo brotaron con renovada esperanza mientras agradecía a Dios por mi vida.

Esta historia es solo un pequeño incidente de muchos en que tú, cualquier otro creyente o yo podemos hablar de ataques del enemigo. Si reconoces haber sufrido esta clase de ataques, no permitas que el diablo te moleste. Si te ha mantenido en pobreza, enfermedad o tragedia tras tragedia, párate firme con valor, sabiendo que Dios te ha dado autoridad sobre él. Sí, tenemos épocas de sufrimiento, pero no son para siempre. Y cuando el Señor se ocupa de tu sufrimiento, te afirmas en Él.

Cuatro maneras de reconocer el ataque del enemigo

Cuando Dios obra en tu vida se desata aquello a lo que estás atada y se crucifican partes de tu cuerpo. Esto no es agradable. Pero tampoco lo es el ataque del diablo. El único modo en que puedes saber con seguridad lo que te sucede, es dejar que el Espíritu de Dios te lo revele por medio de su Palabra. Lo haces cuando pasas tiempo en su presencia, alabando, adorando y orando. Di: «Dios, ¿es esto tuyo o del diablo?» Él te lo mostrará.

Muchas personas suponen que merecen todo lo que les ocurre. No sospechan que eso podría ser un disparo directo que les hacen desde el territorio enemigo. Por eso es muy importante saber cómo identificar el ataque del enemigo.

No quiero reducir todo a pasos y fórmulas, pero a veces necesitamos simples pautas. A menudo el ataque es de tal magnitud que con gran dificultad vemos en línea recta y menos aun podemos imaginar una clara dirección para nosotros. Esto es especialmente cierto en quien ha recibido maltrato o rechazo. Puesto que Satanás siempre atacará tu valor propio, puedes verte sacudida con violencia. Con eso en mente, tengo cuatro sugerencias que te ayudarán a navegar en esas épocas difíciles.

1. *Conoce lo suficientemente bien a Dios para entender su corazón.*

De no haber estado tan agotada física y emocionalmente en el año en que Diane sufrió y murió, habría reconocido más rápido la voz del diablo. Pero en mi débil estado, escuché. Al mirar hacia atrás, me pregunto cómo pude haber pensado que Dios me iba a decir: «Tu madre y tu mejor amiga murieron de cáncer; tú también vas a morir de lo mismo». Esto no parece la voz de Dios. La comprensión de la verdad me llegó cuando estuve en la presencia del Señor.

Al poco tiempo de suceder esto me llamó una amiga para decirme que su hijito estaba muy enfermo y para preguntarme si podría ser que el Señor la estuviera castigando por no haber ido a la iglesia.

«Mary, no comprendes el corazón de Dios —contesté—. Él no enferma a nadie, y seguramente no nos castiga dejando que algo le pase a nuestros hijos por lo que no hacemos. Estos pensamientos son del diablo y a él es a quien debemos enfrentar. Tienes la victoria asegurada sobre sus ataques cuando dependes de Dios. Es más, no puedes perder».

Ten la seguridad de que si tu conocimiento del Señor y tu deseo por su presencia son muy fuertes, no cederás al diablo ni un centímetro. Satanás siempre tratará de ponerte contra la pared, pero no se lo permitas. Ponlo tú contra la pared diciéndole: «¡No permitiré la derrota! Mi Dios es mi defensor y no dejaré que entres a mi vida».

Clarifica en tu mente las cosas que siempre son verdaderas acerca de Dios y ponlas junto a lo que está ocurriendo en tu vida para ver si se alinean. El temor de Mary de que el Señor la estuviera castigando por no ir a la iglesia no se alineaba con la bondad de Dios. No te enfoques en lo que está pasando *a tu alrededor* sino más bien en quién está *en* ti. He incluido una lista de cosas que siempre son ciertas acerca de Dios. Exprésalas una y otra vez cuando estés tentada por el diablo.

Siete cosas que sé son verdaderas
acerca de Dios

1. *Sé que Dios es un Dios bueno.*
   «Bueno y recto es Jehová» (Salmos 25.8).

2. *Sé que Dios está de mi parte.*
   «Jehová está conmigo» (Salmos 118.6).
   «Dios está por mí» (Salmos 56.9).

3. *Sé que las leyes y los caminos de Dios son para
   mi beneficio.*
   «Los juicios de Jehová son verdad, todos justos.
   [...] En guardarlos hay grande galardón»
   (Salmos 19.9,11).

4. *Sé que Dios siempre está conmigo.*
   «No te desampararé, ni te dejaré» (Hebreos 13.5).

5. *Sé que Dios quiere mi restauración.*
   «Tú has librado mi alma de la muerte»
   (Salmos 116.8).

6. *Sé que las promesas de Dios para mí no fallarán.*
   «De generación en generación es tu fidelidad»
   (Salmos 119.90).

7. *Sé que Dios es siempre el ganador.*
   «Jehová [...] se esforzará sobre sus
   enemigos» (Isaías 42.13).

Si dudas de alguna de estas afirmaciones, lee
todo el capítulo del que se han tomado los versículos y pide a Dios que haga realidad en tu corazón la verdad de su promesa.

2. *Averigua quién es Satanás.* Quizás estés pensando: *No quiero saber nada de pelear con el diablo. Es más, prefiero ni siquiera pensar en eso.* Sin embargo, Dios y Satanás están en una batalla por tu vida. La guerra es verdadera y negarlo no cambiará esa realidad. Si eres creyente, ya estás en el lado ganador. Pero si no estás donde crees estar (en la voluntad de Dios, en su presencia, en su verdad, en obediencia a Él), entonces te has salido de su amparo y puedes resultar derribada en el fuego cruzado. A menudo quienes pierden la batalla lo hacen por creer que la victoria ocurre de modo simple. No es así. Debemos identificar al enemigo y las líneas de batalla, y asegurarnos de estar marchando en el ejército adecuado.

Aquel día mientras adoraba al Señor en la iglesia comprendí otra vez que *Satanás* era mi enemigo y que *él* quería mi muerte. Ahora puedo ver que estaba intentado despiadadamente debilitar lo que Dios estaba haciendo en mi vida. Recordé que *él* es el perdedor, no Dios, y que *yo* soy la ganadora porque pertenezco al Señor.

Aprende la verdad acerca del diablo para que estés consciente de la naturaleza de sus intenciones. Son ciertas las declaraciones acerca del diablo que incluyo en este capítulo.

A veces nos reprochamos por lo que está ocurriendo. Si estamos enfermas, pobres o nos sucede algo malo, pensamos que todo es por nuestra culpa. Sin embargo, hay una diferencia entre tomar la responsabilidad por tu vida y culparte por todo. A veces nos hemos enfrentado al enemigo y resulta que *no* somos nosotros. Uno de los planes de Satanás es mantener sujeta a la gente con un lastre de culpa sobre cosas que *él* está haciendo. Se disfraza y en ocasiones hasta llega ante ti como *tú*. Al menos *crees* que eres tú. Debes recordar que el diablo está fuera para aplastarte siempre que pueda y debes decidir si cooperas con sus planes o no.

3. *Conoce lo que te hace más susceptible al ataque satánico.* Con frecuencia entregamos a Satanás invitaciones involuntarias para atacarnos por medio de lo que hacemos o no hacemos. Por ejemplo, durante las semanas siguientes a la muerte de Diane estuve tan agotada emocional y físicamente, que no quise pasar mucho tiempo con el Señor. Me sentía muy cansada para leer diariamente más de un versículo o dos de la Biblia. Debido a que había perdido a mi querida compañera de oración, oraba mucho menos que cuando ella vivía. Se me hacía con frecuencia un nudo en la garganta por su muerte y no sentía tantos deseos de alabar a Dios. Iba con regularidad a la iglesia pero no estaba en comunión con otros creyentes. Era una época en la que mi vida estaba a punto de tomar nuevos inicios en cada área (matrimonio, amistades, escritos, economía), pero simplemente no lo pude ver. Es más, vi exactamente lo contrario. Sentí que mi vida se había extinguido. No obstante, puesto que estaba en la iglesia cuando se suponía que debía estar, Dios hizo que su verdad viviera en mi corazón y me reveló el ataque que me hacía el enemigo.

Podemos esquivar muchos ataques del enemigo con solo poner atención a las razones por las que él obtiene acceso a nuestras vidas. Haz un inventario de tu vida, revisando cualquier área en la que estés débil:

Siete razones para que el enemigo pueda atacarte

- μ He descuidado la lectura de la Palabra, la verdad de Dios, por tanto no tengo marco de referencia para detectar una mentira.
- μ He dejado de orar, por tanto he perdido todo poder.
- μ No he pasado tiempo en alabanza y adoración, por tanto he perdido la oportunidad de que la presencia de Dios more poderosamente en mi vida.

Siete cosas que sé son verdaderas
acerca del diablo

1. *Sé que Satanás es mi enemigo.*
   «No tenemos lucha contra sangre y carne,
   sino contra principados, contra potestades,
   contra los gobernadores de las tinieblas de este
   siglo, contra huestes espirituales de maldad en
   las regiones celestes» (Efesios 6.12).

2. *Sé que Satanás roba, mata y destruye.*
   «El ladrón no viene sino para hurtar y matar
   y destruir» (Juan 10.10).

3. *Sé que Satanás es un engañador.*
   «Cuando habla mentira, de suyo habla; porque
   es mentiroso, y padre de mentira» (Juan 8.44).

4. *Sé que Satanás se disfraza.*
   «El mismo Satanás se disfraza como ángel
   de luz» (2 Corintios 11.14).

5. *Sé que Satanás no descansa de hacer el mal.*
   «Sed sobrios, y velad; porque vuestro adversario el diablo, como león rugiente, anda alrededor buscando a quien devorar» (1 Pedro 5.8).

6. *Sé que Satanás siempre intentará socavar lo que Dios hace en mi vida.*
   «Estos son los de junto al camino: en quienes se siembra la palabra, pero después que la oyen, en seguida viene Satanás, y quita la palabra que se sembró en sus corazones» (Marcos 4.15).

7. *Sé que Satanás es un perdedor.*
   «Ahora es el juicio de este mundo; ahora el príncipe de este mundo será echado fuera» (Juan 12.31).

Si dudas de alguna de estas afirmaciones, lee todo el capítulo de que se han tomado los versículos y pide a Dios que haga realidad en tu corazón la verdad de su promesa.

μ No he vivido en todos los caminos del Señor, en consecuencia mi enemigo ha encontrado un punto de entrada.

μ Me corresponde un gran adelanto en un área de mi vida pero lucho con la duda de que eso en realidad me pueda pasar.

μ Estoy caminando en desobediencia con respecto a algo que Dios me ha dirigido específicamente a hacer.

μ Estoy entrando en una nueva área o dimensión del ministerio y no he buscado cubrirme en oración.

Si marcaste alguna de las afirmaciones anteriores, confiésalo a Dios, y pídele que te muestre qué hacer al respecto.

4. *Conoce las señales del ataque satánico.* Si aprendes a reconocer las señales del ataque satánico, podrás establecer mejor tu propia defensa y contraatacar. Si no lo haces, podrías terminar ayudando al enemigo. El diablo puede atacarte por medio de tu mente, tus emociones, tu cuerpo, tus relaciones o tus circunstancias. Puedes protegerte mejor si reconoces inmediatamente emociones negativas como miedo, culpa, depresión, confusión y falta de paz como provenientes del enemigo, en vez de aceptarlas como verdades. Examina si te está amenazando alguna de estas señales de ataque satánico:

• Experimento temores repentinos y paralizantes que me dejan incapacitada.

• Siento una culpa que es insoportable y que no responde a la confesión o a un caminar correcto.

• Tengo depresión periódica o que dura mucho tiempo.

• Siento como si fuera a estallar la guerra en mi mente, cuerpo,

Lo que la Biblia dice acerca de estar firmes cuando el enemigo ataca

Bienaventurado el varón que soporta la tentación;
porque cuando haya resistido la prueba,
recibirá la corona de vida, que Dios ha
prometido a los que le aman.

Santiago 1.12

Como pasa el torbellino, así el malo no permanece;
mas el justo permanece para siempre.

Proverbios 10.25

Resistid firmes en la fe, sabiendo que los mismos
padecimientos se van cumpliendo en vuestros
hermanos en todo el mundo.

1 Pedro 5.9

Escapen del lazo del diablo, en que están
cautivos a voluntad de él.

2 Timoteo 2.26

Me libró de mi poderoso enemigo.

Salmos 18.17

emociones o situación, especialmente en un área donde ya he sido liberada.

- No tengo paz acerca de asuntos específicos que me están pasando.

- Tengo gran confusión donde una vez tuve claridad.

- Estoy recibiendo en mi mente ideas que están en oposición directa a los caminos de Dios.

Si marcaste alguna de las anteriores afirmaciones, ora porque se detenga este ataque de Satanás. Orar con uno o dos creyentes más al respecto es también muy importante.

Qué hacer cuando el enemigo ataca

En el mismo instante en que creas estar bajo ataque enemigo, vuelve inmediatamente a lo básico.

1. *Revisa si estás proclamando el señorío de Jesús en todas las áreas de tu vida.* En ocasiones excluimos al Señor sin darnos cuenta. Di: «Jesús es Señor sobre mi mente». «Jesús es Señor sobre mis finanzas». «Jesús es Señor sobre mis relaciones». «Jesús es Señor sobre mi salud». Enumera específicamente el área que el enemigo está amenazando.

2. *Satúrate de la Palabra de Dios.* Lee especialmente algunas promesas de Dios relacionadas con esta clase específica de ataque enemigo y exprésalas en voz alta frente a tus circunstancias. Puedes regresar a la lista de los escollos en el capítulo anterior y referirte a las Escrituras en áreas que se apliquen a ti.

3. *Ora mucho.* Pide a Dios que te revele la verdad de tu situación. Pídele guía, protección y fortaleza para cualquier cosa que estés enfrentando. Recuerda: no hay unidad en el reino de las tinieblas. Por eso los dos cristianos más débiles tienen más poder, si están unidos, que todo el poder del infierno.

4. *Continúa alabando a Dios en medio de lo que esté pasando.* Recuerda que Dios mora en las alabanzas de su pueblo, y que siempre estarás segura en su presencia.

5. *Pide a Dios que te muestre si hay algunos puntos de obediencia que no has tomado.* La falta de obediencia siempre nos hace receptivos al ataque del enemigo.

6. *Ayuna y ora.* Esta es un arma poderosa para derribar las fortalezas del enemigo que se han erigido contra ti.

7. *Resiste a Satanás.* No huyas del enemigo; en vez de eso enfréntalo con todas las armas espirituales a tu disposición. Ya que Jesús mora en ti, tienes total autoridad y poder sobre Satanás.

8. *Descansa en el Señor.* Una vez que hayas hecho todo lo que sabes, quédate tranquila sabiendo que Jesús es el vencedor y que la batalla es del Señor. Obtén fortaleza de ese conocimiento.

Cuando los problemas están en todo su apogeo, y la batalla en su furor, debes saber que mientras permanezcas firme en el Señor no te derribarán ni te consumirán tus circunstancias. Si parece como si se fuera a armar una revuelta en tu vida, debes saber que Dios traerá el cielo a gobernar en tu situación. *Piensa en términos del poder de Dios y no en tu debilidad.* No le des al diablo el placer de verte vencida.

Permanece firme cuando tus oraciones no han sido contestadas

Habrá veces en que tus oraciones no tendrán respuesta, al menos no exactamente de la manera en que las hiciste o según tu calendario. Si eso ocurre, confía en que Dios sabe qué es lo mejor.

Hasta la muerte de Diane todos los que la conocimos no dejamos de orar por su sanidad. Cientos de creyentes firmes en dos congregaciones distintas oraban por ella continuamente. Si su sanidad hubiera dependido de la oración y la fe, ella estaba cubierta. Pero esas oraciones específicas no recibieron respuesta, al menos no del modo en que queríamos.

Todos hemos sufrido las dolorosas consecuencias de oraciones no contestadas. A veces lo que parece una oración sin respuesta es en realidad un asunto de esperar en Dios. Otras veces las oraciones son contestadas de modo tan distinto del que esperamos, que no podemos ver que han sido respondidas sino hasta mucho tiempo después. En ocasiones nuestras oraciones no tienen respuesta en absoluto como las hemos hecho. La clave es pararse firmes en el Señor, sea que veamos respuesta o no.

A veces perdemos la esperanza cuando lleva mucho tiempo obtener una respuesta a la oración. Nos desanimamos y tememos que el Señor se ha olvidado de nosotros. Dejamos de orar, de ir a la iglesia, de leer la Biblia, de obedecer los mandatos de Dios porque pensamos: *¿De qué sirve?* Algunas veces nos enojamos con Dios. No nos gusta esperar las dos semanas, dos meses, dos años o el tiempo que se necesite para que llegue la respuesta. ¿Y si la respuesta nunca llega? Eso es triste y no nos gusta sufrir.

El propósito del sufrimiento

Todos, sin excepción, sufrimos de vez en cuando. Nadie está exento. En ocasiones hacemos cosas tontas o pecaminosas que nos conducen al sufrimiento. Otras veces es un ataque satánico. A veces sufrimos debido a que no hacemos lo que Dios nos está guiando a hacer. Otras veces las personas creen que se han salido con la suya si no hay sufrimiento *inmediato* al alejarse de los caminos de Dios. Más adelante, cuando están abatidas, no ven la relación.

A veces Dios usa el sufrimiento para refinarnos. Él no pone el sufrimiento sobre nosotros, pero nos deja estar en medio de él para nuestra purificación. Y no importa cuánto oremos, aun quedan épocas de sufrimiento en nuestras vidas porque a través de él obran en nosotros los propósitos de Dios.

Nadie sufre por voluntad propia. Incluso Jesús le pidió a Dios que, de ser posible, eliminara su sufrimiento. La buena noticia es que lo que sacamos del sufrimiento está muy por encima de lo que soportamos, de modo que compensa nuestro dolor: «Tengo por cierto que las aflicciones del tiempo presente no son comparables con la gloria venidera que en nosotros ha de manifestarse» (Romanos 8.18). En este versículo Dios no está minimizando nuestro sufrimiento; lo está poniendo en perspectiva. Las grandes cosas que esperan a quienes estén firmes son tan superiores a nuestra imaginación, que el sufrimiento parecerá momentáneo al compararlo con la totalidad de nuestra vida aquí en la tierra.

Estuve muy enferma en mis dos embarazos. Nunca antes ni después he experimentado tal sufrimiento físico y no tengo deseos de volverlo a sufrir. Sin embargo, las recompensas de tener a mi hijo y a

Lo que la Biblia dice acerca de estar firmes
cuando tus oraciones no han
recibido respuesta

Amados, no os sorprendáis del fuego de prueba que
os ha sobrevenido, como si alguna cosa extraña os
aconteciese, sino gozaos por cuanto sois
participantes de los padecimientos de Cristo, para
que también en la revelación de su gloria os gocéis
con gran alegría.
1 Pedro 4.12-13

En lo cual vosotros os alegráis, aunque ahora por un
poco de tiempo, si es necesario, tengáis que ser
afligidos en diversas pruebas, para que sometida a
prueba vuestra fe, mucho más preciosa que el oro, el
cual aunque perecedero se prueba con fuego, sea
hallada en alabanza, gloria y honra cuando sea
manifestado Jesucristo.
1 Pedro 1.6-7

El Dios de toda gracia, que nos llamó a su gloria
eterna en Jesucristo, después que hayáis padecido
un poco de tiempo, él mismo os perfeccione,
afirme, fortalezca y establezca.
1 Pedro 5.10

mi hija son tan superiores a mi sufrimiento, que ni siquiera puedo comparar ambas experiencias. Aun sabiendo que mis oraciones por un embarazo fácil no fueran contestadas, decidiría pasar por otro de nuevo.

Cuando sientes que tus oraciones no tienen respuesta, Dios te está revelando dos aspectos: *su gracia y su poder.* Su gracia te sustenta y te guarda, y su poder te libera. Dios quiere que veamos sin dudar que *somos limitados* en nuestro poder. También quiere hacernos ver que *Él no lo es.* En ocasiones el Señor espera hasta que esté muerta toda esperanza fuera de Él, para que sepamos que Él trajo vida donde no la había. A veces saca las cosas de nuestras vidas para que nos volvamos a Él como quien suple nuestra necesidad. No importa cuánto nos bendiga Dios, quiere que reconozcamos nuestra dependencia en Él. El Señor usa las tormentas de nuestras vidas para cumplir ese propósito.

Los tesoros de las tinieblas

Dios es Dios cuando las cosas están mal y cuando están bien, cuando hay tinieblas como cuando hay luz. A veces la oscuridad a nuestro alrededor no es oscuridad de muerte sino una oscuridad como de una matriz, donde nos desarrollamos y nos alistamos para el parto. Así como un niño en la matriz no sabe nada del mundo que le espera, no nos damos cuenta de la grandeza de los propósitos de Dios para nosotros. La Biblia dice: «Te daré los tesoros de las tinieblas» (Isaías 45.3 NVI). Ciertas experiencias valiosas en el Señor *solo* se pueden encontrar en épocas oscuras.

Cuando murió Diane, su hijo John David tenía ocho años de edad. Casi ocho años después, su padre murió en un accidente automovilístico. John David, hijo único, llegó a formar parte de nuestra familia pues la voluntad de su madre y de su padre fue que se quedara con nosotros. Esta fue una época oscura y preocupante en todo aspecto, pero encontramos una sensación de la presencia de Dios como nunca antes.

Muchos de mis encuentros más íntimos con el Señor han ocurrido en esta clase de momentos oscuros, en que me he vuelto a Dios y he encontrado una presencia de su Espíritu más poderosa de la que había conocido. Esos tiempos han sido preciosos, inolvidables y me han cambiado la vida. Por medio de ellos he descubierto una porción más grande de Dios en mí y hoy día no cambiaría eso por nada.

No te preocupes. Esta época de tinieblas, de espera y de oraciones no contestadas no se volverá una manera de vida. Es solo una temporada del alma.

Cómo crecer en la oscuridad

Entonces, ¿qué haces cuando has creído, alabado y orado, pero aun estás desilusionada y temes que tus sueños y esperanzas se hayan ido? En primer lugar, no te dejes consumir por la culpa. No sientas que todo es culpa tuya y que por consiguiente Dios no responderá tu oración. Si tus oraciones no obtienen respuesta debido al pecado, confiésalo, deja de cometerlo y ora. Dios cambiará todo a tu alrededor.

Segundo, no permitas que la situación te haga volver la espalda a Dios. Debes saber que Él ve dónde estás, que no te ha olvidado y que te sustentará todo el tiempo. Descansa en el hecho de que Él está en control y que es más poderoso que tus problemas. Es en esta época en que, o te alejas de los caminos del Señor o decides vivirlos aun más diligentemente. Muy pronto podríamos darnos por vencidos y decir: «Es obvio que esto no está funcionando, entonces ¿por qué molestarme en hacerlo de esta manera?» Nuestra elección puede ser intentar soportar solos la tormenta o alinearnos con Dios. En este punto Él puede calmar la tormenta o poner nuestros pies en terreno sólido, donde no recibiremos daño. Muchos han desistido cuando la respuesta a su oración estaba exactamente a la vuelta de la esquina.

Parte de estar firmes en tiempos de oración no contestada es esperar, y esperar produce paciencia. La Biblia dice: «Con vuestra paciencia ganaréis vuestras almas» (Lucas 21.19). Cuando eres paciente puedes tomar el control de tu ser y ponerte en las manos de Dios. Él entonces está en control, ya sea noche o día en tu alma. Él se vuelve Dios para ti en todo tiempo de tu vida: el bueno y el malo. Y como lo conoces de esa manera, te vuelves inquebrantable.

Puesto que no tenemos más alternativa que esperar, nuestra actitud marca la diferencia. Podemos amenazar a Dios con nuestro puño y gritar: «¿Por qué a mí?» O podemos abrir nuestros corazones al Señor y orar: «Señor cambia mi situación. Perfecciona tu vida en mí mientras espero en ti. Ayúdame a hacer lo correcto y permite que todo resulte en mi bienestar».

Quizás debas esperar que Dios se mueva, pero no tienes que juguetear con tus dedos hasta que eso suceda. El mejor modo de mantener una buena actitud mientras esperas es pasar mucho tiempo alabando y adorando a Dios. Di: «Señor, te alabo en medio de esta situación. Confieso que me asusta que mis oraciones tal vez no reciban respuesta. Estoy cansada y desanimada por la espera y siento que pierdo mis fuerzas para luchar. Perdóname Señor por no confiar más en ti. Oro porque mi fatiga se acabe y haya renovada esperanza en mi espíritu. Ayúdame a sentir tu presencia y tu amor, y a oír tu voz y seguir tu guía. Gracias porque estás en control total».

No dejes de orar aunque lo hayas estado haciendo por mucho tiempo y parezca que Dios no estuviera escuchando. Él escucha cada oración. Podrías sentir como que nada está pasando, pero cuando oras y le rindes tu vida diariamente a Él estás tocando su amor, sanidad y redención.

Estar firmes cuando tus oraciones han tenido respuesta

Una de las grandes sorpresas para quienes salen del desierto de sus pasados, y entran en la tierra prometida de la oración contestada, es que en la tierra hay gigantes contra quienes es necesario luchar para poseerla. Puesto que Satanás no tiene un día en que se sienta amistoso hacia nosotros, no será indisputable nuestro éxito, nuestra prosperidad, nuestro progreso, nuestra liberación y nuestra sanidad. Debemos recordar mantenernos firmes contra la obra del enemigo tanto en las épocas fáciles como en las difíciles.

En el año en que murió Diane, Michael y yo finalmente comprendimos de que el diablo había diseñado un plan para destruir nuestro matrimonio, nuestro negocio y nuestra salud por medio de nuestra economía. Peor aun, le estábamos permitiendo que lo hiciera. Las cosas habían estado bien en el área de nuestras finanzas, de modo que no habíamos orado mucho al respecto. De repente se empezaron a volver inestables. Una noche, al borde de lo que pudo haber sido la ruina económica, Michael y yo caímos de rodillas ante Dios y nos arrepentimos de nuestra falla en cubrir nuestra economía en oración. No dejamos de diezmar pero habíamos descuidado la oración por la mayordomía de nuestros ingresos. Pedimos a Dios que se hiciera cargo y nos bendijera con restauración. *Cada* mañana orábamos con diligencia al respecto, e inmediatamente la presión en nuestro matrimonio y en nuestra salud mostró señales de mejoría. Pronto los negocios y las finanzas también comenzaron a cambiar.

La presión terminó al llegar un contrato por el que habíamos orado, junto con un gran cheque. Saltamos de alegría, alabamos a Dios, danzamos, armamos un jolgorio y gritamos. Al día siguiente nos quedamos dormidos hasta más tarde de lo acostumbrado, nos levantamos a toda prisa y salimos de casa antes de que tuviéramos tiempo de orar. Los días siguientes trajeron situaciones que nos impidieron orar juntos como lo habíamos hecho cuando las cosas eran difíciles. Sucedió que pudimos recapacitar antes de que el desastre golpeara de nuevo, pero nuestra experiencia muestra cómo no nos volvemos naturalmente a Dios cuando las cosas están marchando bien. Con lo sucedido lo comprendimos mejor.

Cuán rápidamente olvidamos

La verdad acerca de la carne humana es que cuando llegamos a un lugar cómodo tendemos a olvidarnos de Dios. Lo que más me impresionó al leer el Antiguo Testamento de principio a fin fue cómo los israelitas buscaban a Dios, se arrepentían y oraban cuando las cosas estaban mal, y Dios oía y contestaba sus oraciones. Una vez que todo estaba saliendo bien se olvidaban de dónde habían venido, olvidaban lo que Dios había hecho, y empezaban a vivir otra vez según su camino. En las épocas difíciles recordaban a Dios y hacían lo correcto. En las épocas buenas se olvidaban de Dios y pecaban repetidamente.

Tú y yo no somos diferentes. ¿Cuántas de nosotras podemos decir que oramos con igual fervor cuando todo está bien y cuando el infierno se está desatando? No muchas, estoy segura. Si hubiéramos servido al Señor de modo tan fiel y ferviente cuando nuestras oraciones *fueron* contestadas como cuando no lo fueron, no tendríamos que haber sufrido como sufrimos. No estoy diciendo que la vida sería libre de sufrimiento porque no funciona de ese modo, pero sí que a veces sufrimos innecesariamente. La Biblia dice: «El que piensa estar firme, mire que no caiga» (1 Corintios 10.12). Cuando las cosas están marchando bien, ¡cuídate!

Ten cuidado con los gigantes

—La tierra prometida de que habla la Biblia es un lugar de restauración —me explicó Mary Anne—. Es una época para renovar todo lo que se ha destruido, robado o perdido en nuestras vidas. Cuando entramos a la tierra prometida no pensamos en los gigantes; pensamos en la leche y la miel, en cuán bien nos sentimos y en que la vida será como ahora que estamos libres y renovadas. Sabemos que el mal nos acecha, pero ahora no queremos pensar en eso, no cuando las cosas están bien. Por eso es que cuando llega un ataque, no estamos preparadas. Cuando entramos a la tierra prometida debemos saber que allí hay gigantes que debemos enfrentar.

—¿Cuáles son esos gigantes? —le pregunté.

Mary Anne enumeró ciertos enemigos que había en la tierra prometida, como lo describe el Éxodo. Ella descubrió que los significados de los nombres se correlacionaban con áreas de nuestra carne con las que luchamos, como miedo, confusión, desánimo, soberbia, rebeldía y condenación. Estos fueron exactamente los que me amenazaron cuando entré a mi época de restauración, y con los que debemos estar listas a luchar, incluso en tiempo de paz.

Mantenlo escrito en piedra

Hace años el pastor Jack dio instrucciones a cada núcleo familiar de nuestra iglesia, soltero o casado, que saliera a buscar una piedra lo suficientemente grande para escribir las palabras: «Mi familia y yo serviremos al Señor» (Josué 24.15 NVI), y luego la pusiéramos en un lugar visible en la casa. Michael y yo encontramos una piedra gris de dos kilos y medio con una superficie plana en un lado para imprimir ese versículo. La colocamos al lado de la chimenea en la sala, y cada vez que la vemos recordamos nuestro compromiso de servir a Dios y de estar firmes en Él. Todos los que llegan a nuestra casa la ven, y creo que el diablo también sabe que está allí. Este es un buen recordatorio para él... y para ti.

Te voy a poner una tarea. Busca una piedra de tamaño adecuado, escribe ese versículo en ella con un marcador indeleble, y ponla en el centro de tu hogar. Sea que vivas en un remolque de un cuarto, en una mansión de cuarenta dormitorios, o en la esquina de un apartamento ajeno, asegúrate de que esas palabras sean visibles para ti. Esta es una proclamación bíblica de dónde estás parada y te ayuda a elevarte más en la presencia de gigantes.

Ni siquiera te dejes engañar creyendo que cuando todo esté bien no necesitas leer, orar ni obedecer tan cuidadosamente como lo hacías antes. Decide estar firme en el Señor, aun cuando tus oraciones hayan recibido respuesta, y vivirás con seguridad en la tierra prometida de la restauración divina.

Lo que la Biblia dice acerca de estar firmes

Fortaleceos en el Señor, y en el poder de su fuerza.
Efesios 6.10

Con vuestra paciencia ganaréis vuestras almas.
Lucas 21.19

Persiste tú en lo que has aprendido y te persuadiste,
sabiendo de quién has aprendido.
2 Timoteo 3.14

No os engañéis; Dios no puede ser burlado: pues
todo lo que el hombre sembrare, eso también
segará. Porque el que siembra para su carne, de la
carne segará corrupción; mas el que siembra para el
Espíritu, del Espíritu segará vida eterna. No nos
cansemos, pues, de hacer bien; porque a su tiempo
segaremos, si no desmayamos.
Gálatas 6.7-9

Estad firmes y constantes, creciendo en la obra del
Señor siempre, sabiendo que vuestro trabajo en el
Señor no es en vano.
1 Corintios 15.58

8

Conviértete En Quien Dios Quiere que Seas

*A*cabas de pasar por los siete pasos para la salud emocional, y aunque solo hayas dado uno en cada área, seguramente ya hay notables cambios positivos en tu vida. Quizás aun no veas tantos como te gustaría, pero no desistas. Los verás. Dios promete que «el que comenzó en ti la buena obra, la perfeccionará hasta el día de Jesucristo» (lee Filipenses 1.6).

Voy a suponer que si has leído hasta aquí ya decidiste que deseas todo lo que Dios tiene para ti. Esto es bueno porque convertirte en quien Él quiere que tú seas comienza con un profundo deseo en el corazón. Cuando ese deseo se convierte en hambre por más del Señor, que solo se puede satisfacer completamente cuando estás en su presencia, entonces estás en el camino para convertirte en todo lo que puedes ser.

Ahora es tiempo de solidificar tu compromiso con el Señor. Es hora de empezar a vivir lo que crees y de caminar en la integridad a la cual planeas acostumbrarte. Podrás hacerlo con más eficacia si permaneces emocionalmente actualizada y consciente de la verdad sobre ti misma.

Actualízate emocionalmente

Una vez en la senda de la salud emocional, mantente sensible a lo que comúnmente sucede en tu interior. Eso no significa que te has de sentar todo el día a pensar en cómo te sientes. El enfoque se mantiene en Jesús. Sin embargo, puesto que ahora tu enfoque está más en el Señor y que vives a su manera, puedes tratar con las emociones que surgen. Scott Peck dice en *The Road Less Traveled* [El camino menos transitado]: «La salud mental es un proceso continuo de dedicación a la realidad, cueste lo que cueste» (Simon and Schuster, Nueva York, 1980, 51). Tapar nuestras emociones es lo opuesto.

Todos tenemos innumerables lágrimas guardadas en nuestro interior. No lloramos porque no parecía socialmente adecuado o porque temíamos que si derramábamos alguna lágrima, se abrirían las compuertas y no volveríamos a tomar el control. Eso a menudo ha sido tan doloroso que hemos endurecido nuestros corazones para mitigar el dolor. Cuando ya no sentimos dolor, no lloramos. Este es un método de sobrevivencia pero no es saludable. La Biblia dice:

> Todo tiene su tiempo,
> Y todo lo que se quiere debajo del cielo tiene su hora [...]
> Tiempo de llorar,
> Y tiempo de reír;
> Tiempo de endechar,
> Y tiempo de bailar (Eclesiastés 3.1,4).
> Sería sabio recordar esto.

Una vez oí decir a un médico: «Los resfriados son una consecuencia de lágrimas contenidas que obstruyen al sistema». No sé si eso se puede probar científicamente, pero creo que nuestras emociones inundan el interior físico más de lo que imaginamos. Debemos actualizar nuestra necesidad de llorar y sentirnos libres de hacerlo. Llorar en la presencia del Señor trae mucha sanidad y no se debería restringir.

Te debes entristecer por completo ante cualquier cosa que hayas perdido, ya sea la pérdida de un sueño, una infancia, una parte de tu cuerpo, un matrimonio, un ser querido, o un período de tu vida. El dolor viene en etapas, por tanto no permitas que el pasar por una etapa te clausure etapas futuras. Cada una es un aspecto distinto de tu pérdida. No la evites por temor. No te consumirá; serás liberada.

Nuestras emociones no tienen que gobernar nuestras vidas, pero tampoco debemos ignorarlas. Parte de dejar ir el pasado tiene que ver con enfrentar el presente. Mantente atenta a lo que estás sintiendo y pide a Dios que te ayude a identificarlo y a tratar con eso. Llega al fondo del porqué te sientes así. Mantente emocionalmente al día en todo momento.

Recuerda la verdad acerca ti misma

«¡No vales nada! ¡No eres nadie! ¡Eres tonta! ¡Eres un fracaso! ¡Nunca llegarás a conseguir algo!», estas eran palabras que mi madre solía repetirme una y otra vez. Fueron reforzadas por su falta de afecto y su incapacidad de criar. Puesto que vivíamos en una finca alejada de todo, no tuve el refuerzo positivo de amigos o parientes, lo que pudo haber aminorado el impacto de la negligencia de mamá. Todos los días escuché las mismas palabras, y crecí creyéndolas.

Puesto que no creía ser alguien, llegué a desesperarme por probar que sí lo era. Me aferré a las cosas en vez de dejar que sucedieran. Exigí aprobación. Tenía que llamar la atención. Estaba sedienta de amor y me involucré en una relación destructiva tras otra. Sin embargo, ninguna cantidad de amor, aprobación o reconocimiento llenaba el interminable vacío de mi ser pues creía todas esas mentiras acerca de mí.

Todos queremos ser alguien. La verdad es que Dios creó a cada uno de nosotros para ser alguien y ninguna vida es accidental o superflua a sus ojos. Él nos ha dado *cada una* un distinto propósito o llamado. Negar las extraordinarias cualidades del Señor en nosotras no es humildad, es baja autoestima.

Una alta autoestima significa verte como Dios te ve y reconocer que eres un ser único en quien Él colocó específicos dones, talentos, y un propósito distinto al de todos los demás. Memoriza esto, recórtalo, pégalo en tu mano, y exprésalo en voz alta cincuenta veces al día. Haz cualquier cosa que te ayude a recordarlo. Esta es la verdad absoluta acerca de ti, ya sea que puedas verlo o no e independientemente de que *los demás* lo reconozcan o no.

He aprendido a valorarme como Dios me valora, agradeciéndole deliberadamente por todas las cosas positivas que veo. «Gracias Señor porque estoy viva, porque puedo caminar, porque puedo hablar, porque puedo ver, porque puedo preparar una comida, porque puedo escribir cartas, porque soy cuidadosa, porque amo a mis hijos, porque conozco a Jesús. Gracias Dios porque me has hecho una persona de valía y propósito». Cuando alabamos a Dios por cosas específicas estamos invitando a que su presencia nos transforme. Es la mejor medicina que conozco contra las mentiras que crees acerca de ti.

Si uno de tus padres, un hermano, una hermana, una amiga o un extraño te dice: «Eres inútil. No lo lograrás. ¡No lo tendrás!», dale una larga mirada a esas palabras y reconoce quién está detrás de ellas. Dile al diablo: «Satanás, no escucharé tus mentiras acerca de mí. No soy un accidente cósmico, como me has hecho creer. Tengo valor, propósito, dones y talentos. Dios dice eso de mí, y yo no contradigo a mi Padre celestial. Reprendo tus mentiras y me niego a escucharlas».

La Biblia dice: «Una casa dividida contra sí misma, cae» (Lucas 11.17). Esto significa que quien se ha vuelto contra sí no triunfará. Mucho de tu dolor emocional se podría ocasionar al creer cosas falsas acerca de ti. Muchas veces Dios fue el *único* que creyó en mí, pero eso fue suficiente. Ahora sé que porque creo en Él, Él cree en mí y *puedo* triunfar. ¡Por tanto *tú* también puedes hacerlo!

La realización y la restauración total fue el plan de Dios para tu vida desde el principio y debes vivir confiando en eso. Él ha dicho en su Palabra muchas cosas maravillosas acerca de ti y en este capítulo he registrado siete muy importantes. Léelas y revísalas para asegurarte que estás viviendo creyendo cada una de ellas. ¡Esta es la verdad acerca de *ti*!

En los años que he caminado con el Señor, Él siempre ha cumplido sus promesas para mí y siempre ha triunfado. Muchas veces no parecía que iba a hacerlo, pero lo hizo. No siempre las cosas sucedieron como yo quería o tan pronto como deseaba que sucedieran. Y gracias a Dios, tampoco fue como yo lo preví. Siempre fue mucho *mejor*. ¡El tiempo de Dios fue perfecto y su camino fue el correcto! Quiero para ti todo lo que he recibido el Señor, y más.

Si en algún momento te llegas a abrumar por lo mucho que crees que debes hacer para llegar a la plenitud emocional, o si tienes dudas acerca de poder hacer todo lo necesario, entonces debes recordarte a ti misma que es el Espíritu Santo quien logra tu *restauración*. Deja que Él la lleve a cabo. Dile a Dios que quieres que *sus* caminos se conviertan en los *tuyos*, para que puedas entrar a toda la plenitud que Él tiene para ti.

Oración

Señor, ayúdame a estar firme en ti. Dame fortaleza para correr la carrera sin rendirme. Fortaléceme para la batalla y ayúdame a levantarme si caigo. Miro hacia ti como mi Sanador y mi Restaurador. Hazme la persona realizada que quieres que sea.

Siete cosas que Dios dice que son ciertas acerca de mí

1. *Soy una hija de Dios, y mi herencia viene de Él.*
   «A todos los que le recibieron, a los que creen en su nombre, les dio potestad de ser hechos hijos de Dios» (Juan 1.12).

2. *Tengo un propósito especial y ordenado por Dios.*
   «Cosas que ojo no vio, ni oído oyó, ni han subido en corazón de hombre, son las que Dios ha preparado para los que le aman» (1 Corintios 2.9).

3. *Fui creada con un llamado específico.*
   «Cada uno tiene su propio don de Dios» (1 Corintios 7.7).

4. *Nunca estoy sola*
   «Yo estoy con vosotros todos los días, hasta el fin del mundo» (Mateo 28.20).

5. *No soy desechada*
   «No ha desechado Dios a su pueblo, al cual desde antes conoció».

6. *Soy amada.*
   «Como el Padre me ha amado, así también yo os he amado» (Juan 15.9).

7. *Soy triunfadora*
   «En todas estas cosas somos más que vencedores por medio de Aquel que nos amó» (Romanos 8.37).

Lo que la Biblia dice acerca de convertirte en quien Dios quiere que seas

Si alguno está en Cristo, nueva criatura es; las cosas
viejas pasaron; he aquí todas son hechas nuevas.

2 Corintios 5.17

No os acordéis de las cosas pasadas,
ni traigáis a memoria las cosas antiguas. He aquí
que yo hago cosa nueva; pronto saldrá a luz;
¿no la conoceréis? Otra vez abriré camino
en el desierto, y ríos en la soledad.

Isaías 43.18-19

De cierto, de cierto os digo: El que oye mi palabra,
y cree al que me envió, tiene vida eterna;
y no vendrá a condenación, mas ha pasado
de muerte a vida.

Juan 5.24

Jehová guardará tu salida y tu entrada
desde ahora y para siempre.

Salmos 121.8

Vosotros estáis completos en Él (Colosenses 2.10).

Colosenses 2.10

Levántate, resplandece; porque ha venido tu luz, y la
gloria de Jehová ha nacido sobre ti.

Isaías 60.1

ACERCA DE LA AUTORA

Stormie Omartian es una afamada escritora, destacada compositora, oradora y autora de diez libros. Sus otras obras incluyen *Just Enough Light for the Step I'm On* [Suficiente luz para el escalón donde estoy parada], el éxito de librería y finalista en el Medallón de Oro 1998 *The Power of a Praying Wife* [El poder de una esposa que ora] *The Power of a Praying Parent* [El poder de un padre que ora], *That's What Love Is For* [Para eso es el amor], *Greater Health God's Way* [Mejor salud a la manera de Dios], *Child of the Promise* [El hijo de la promesa], y *Stormie*, la historia de su viaje desde la desgracia de ser una niña maltratada hasta llegar a ser una persona restaurada por completo.

Es una frecuente invitada de los medios de comunicación y como tal ha aparecido en numerosos programas de radio y televisión, entre ellos *El Club 700, Parent Talk, Homelife, Crosstalk, y Today's Issues*. Stormie predica en iglesias de todos los Estados Unidos, en retiros de mujeres, y en congresos. Por veinte años ha animado a las mujeres a orar por sus familias. Anhela ayudar a otras a convertirse en las personas que Dios quiere que sean, a establecer firmes vínculos familiares y matrimoniales, y a ser instrumentos del amor de Dios.

Stormie ha estado casada por casi treinta años con el productor musical y ganador del premio Grammy, Michael Omartian. Ambos han criado tres hijos: Christopher, Amanda y John David.

Puedes contactar a Stormie en su sitio Web: .